# 俄罗斯转型时期利益集团演化及其作用研究

Research on Russian Interest Groups Evolution and its Effects in Trnsition Period

邱　蓉／著

中国社会科学出版社

图书在版编目（CIP）数据

俄罗斯转型时期利益集团演化及其作用研究/邱蓉
著 . —北京：中国社会科学出版社，2012. 12
ISBN 978 - 7 - 5161 - 1843 - 6

Ⅰ. ①转… Ⅱ. ①邱… Ⅲ. ①利益集团—研究—
俄罗斯 Ⅳ. ①D751. 261

中国版本图书馆 CIP 数据核字 (2012) 第 296321 号

| | | |
|---|---|---|
| 出 版 人 | 赵剑英 | |
| 选题策划 | 卢小生 | |
| 责任编辑 | 卢小生 | |
| 责任校对 | 张玉霞 | |
| 责任印制 | 李 建 | |

| | | |
|---|---|---|
| 出 版 | 中国社会科学出版社 | |
| 社 址 | 北京鼓楼西大街甲 158 号（邮编 100720） | |
| 网 址 | http：//www.csspw.cn | |
| | 中文域名：中国社科网 010 - 64070619 | |
| 发 行 部 | 010 - 84083635 | |
| 门 市 部 | 010 - 84029450 | |
| 经 销 | 新华书店及其他书店 | |

| | | |
|---|---|---|
| 印 刷 | 北京市大兴区新魏印刷厂 | |
| 装 订 | 廊坊市广阳区广增装订厂 | |
| 版 次 | 2012 年 12 月第 1 版 | |
| 印 次 | 2012 年 12 月第 1 次印刷 | |

| | | |
|---|---|---|
| 开 本 | 710×1000 1/16 | |
| 印 张 | 12. 5 | |
| 插 页 | 2 | |
| 字 数 | 212 千字 | |
| 定 价 | 35. 00 元 | |

凡购买中国社会科学出版社图书，如有质量问题请与本社发行部联系调换
电话：010 - 64009791

# 序　言

对俄罗斯转型的研究已经在多个领域展开，无论是经济转轨、宪政转型，还是转型进程中的民族问题调整，都是由转型主体通过确定转型路径、制定和实施转型政策来实现的。而不同的主体，利益目标不同，对转型的作用也会不同。因此，研究俄罗斯利益集团在转型进程中的演化和作用非常重要。

俄罗斯利益集团研究需要在大量把握材料的基础上，进行较好的归纳提炼，创建研究框架并在研究中一以贯之。客观地说，这个题目具有一定的难度。比较欣慰的是，邱蓉能够克服困难，顺利完成研究任知其间多次调整修改，每一稿都有提高，定稿的时候我感觉她的论文已具备了一定的气度。从苏联建国之初到梅德韦杰夫执政时期，从计划经济到市场经济，时间之长、道路之曲折，要把握利益集团在其中的作用以及其自身的演化，既需要高度概括，又要求细致推理，作者基本上能够做到收放自如，研究方法与研究内容融合也较好。

研究利益集团，首先要对利益集团进行划分，作者根据集团掌握的经济、组织、文化等资源的数量及重要程度的不同，把俄罗斯利益集团划分为五类，尤其是把总统也作为利益集团重要的一极，由此展开分析每个利益集团的利益目标、相互作用及其与制度变迁的关系，为我们研究利益集团提供了新的思路。研究结论与前文相互呼应，在改革开放的今天，引人深思。我想，研究的现实意义也正在于此罢。

邱蓉是我的学生，从西南远赴东北学习研究，克服了很多困难。期间取得了较为可喜的进步，研究能力在不断成熟，看到学生有如此成绩，我很欣慰。有热爱学习、勤于思考的人加入我们的研究队伍中来，是让人高兴的事，希望他们走得更稳、更远、更好！

徐坡岭

2012 年 11 月 27 日

# 摘　　要

利益集团是介于国家和个人之间的中观组织。一项好的、"合意"的改革能否得以推行，往往并不仅仅取决于其对效率的改进，更重要的是取决于支持和反对力量的对比。在中国渐进式改革由外围向中心推进的今天，如何突破既得利益集团的阻挠，坚持总体方向不变，继续深化经济市场化和政治民主化改革，俄罗斯的转型经验具有独特的借鉴价值。

苏联七十多年的计划经济体制和稳定的政治格局孕育了阻挠变革的官僚阶层，冻结了个人和企业独立生产、经营的能力，社会阶层由犬儒到冷漠直至爆发。苏共组织解散、苏联解体似乎发生在一夜之间，然而，"冰冻三尺非一日之寒"。本书文采用新政治经济学的研究视角，秉承经济学"经济人"的假设，把社会范围内的所有利益集团置于从"十月革命"到梅德韦杰夫时期长达 90 年的历史画卷内，在动态中把握利益集团的相互作用与制度变迁的关系以及利益集团自身在其中的演化，期望能从中得到有益的启示，为改革服务。

全书文由七部分组成，包括绪论。绪论主要介绍研究目的、文献综述、研究所采用的视角和研究方法、理论工具、创新点等。第二至第六部分是正文，在每一部分的末尾安排了一个简短的小结或评价，总结这一时期体制的输入变量运行的结果及输出变量，以便衔接下一个历史时期的转型目标。

第二部分建立研究框架。抓住利益集团追求本集团"利益"的本质特征，把利益集团分为自发性利益集团和自觉性利益集团，明确了集团的发展演化方向。针对俄罗斯的具体情况，研究框架中将俄罗斯社会分为总统、联邦中央、地方利益集团、普通民众集团和其他活跃性利益集团五类。根据利益集团持有的资源数量和质量，归纳利益集团的作用方式和途径：经济影响、政治投票与舆情掌控。通过目标与结果的比对来考察集团作用的效果。

第三部分研究苏联时期的利益集团形成和诉求累积。体制内的"两阶一层"逐渐分化为管理者集团和劳动者集团，管理者集团特别是其中的高层管理者已然成为了既得利益者，在解除了强力机构的监视之后，集团成员相互勾结，从隐性到显性，维护本集团的利益。该集团上下层的利益诉求并不一致，上层官僚集团希望能够打破体制束缚，将生产资料管理权变为所有权；下层官僚集团则寄生于计划经济体制，但是，对于越来越狭窄的上升通道也心存不满。普通民众集团除了经济效率下降带来的利益减少外，更重要的是政治高压下的反弹而形成了对体制的冲击。从斯大林时期到赫鲁晓夫时期、勃列日涅夫时期，诉求长期累积而无处释放。到了戈尔巴乔夫时期，以激进转型的倾向爆发出来，具有历史的必然性。

第四部分研究叶利钦时期的利益集团。以叶利钦为首的激进民主派在转型方式的博弈中力克群雄，取得了选举的胜利。选择"休克疗法"的转型方案，执行"自由化"、"稳定化"和"私有化"中出现偏离初衷等，无不是利益集团作用的结果。国家后退、公共政治权力与私人资本相结合，政治经济的混乱使人们从浪漫主义回复到理性思考。

第五部分研究普京时期利益集团。"可控市场经济"与"可控民主"治国理念下的税制威严重建、国家资本主义、惩治寡头、行政管理垂直化和保护私有产权、加强基础社会保障等，既是出于国家的自主性，也是缘于普通民众占绝对多数选票的约束。然而官员腐败、一党独大、失衡的产业结构仍然困扰着俄罗斯。

第六部分研究梅德韦杰夫时期的利益集团。致力于推动"市场""民主"转型进程，梅德韦杰夫提出了"现代化"的执政目标，本书从总统与政府的权力配置、利益集团的相互作用角度分析了其结果与目标相去甚远的原因。

第七部分是研究结论与启示。本书总结了利益集团活动的边界、国家的自主性、威权传统下国家元首集权的便利性和保持中立的重要性等六大启示。

**关键词：**利益集团　作用　演化　转型　俄罗斯

# ABSTRACT

Interest groups are intermediate organizations situated midway between countries and individuals. The implementation of a good, "satisfactory" reform not only depends on the improvement of efficiency, but more importantly, on the balance of power between the supportive and opposing forces. Today, China's gradual reform is moving from periphery to center, the Russian experience of transition can serve as a unique reference as to how to break the encirclement of vested interest groups, adhere to the overall direction and continue to deepen the reform of economic marketization and political democratization.

More than 70 years of planned economic system and stable political order have bred in the Soviet Union the bureaucracy that obstructs the reform and have frozen the independent production and management capacity of both individuals and enterprises. The social classes become cynic and apathetic and finally their emotions burst out. The collapse of the Soviet Union and the dissolution of the Soviet Communist Party seem to occur overnight, however "Rome was not built in a day". From the perspective of a new political economics and by adhering to "economic man", an assumption in economics, the dissertation places all interest groups of society in the periods of time from October Revolution to Medvedev's period which lasts for 90 years, and then it studies the relations between the interaction of interest groups and the institutional change as well as the evolution of interest groups in a dynamic way, expecting to get beneficial enlightenment for the reform.

The dissertation consists of seven parts, including the introduction. The introduction mainly introduces the purpose of research, literature review, research perspectives and methods, theoretical tools and innovations. The main body of the dissertation is divided into six parts. At the end of each part, there is a brief summary or comment to summarize the operation results of input variables at a given period and the output variables, which serves as a link to the transition goals of the next historical period.

Part Two is about the research framework of the dissertation. Since the essential characteristic of the interest groups is to pursue the group interests, the interest groups are divided into spontaneous interest group and self – conscious interest group, thus making clear the direction of the group development and e-volution. According to the specific situation of Russia, the dissertation classifies the interest groups in Russian society into five categories, that is, President, Central Federal District, local interest groups, ordinary citizens groups and other active interest groups. The author sums up the way the interest group works and the role it plays, namely, economic impact, political voting and control of public opinion. The effects that groups produce are examined through the comparison of goals and results.

Part Three studies the formation and accumulation of demands of interest groups in Soviet Union. The model of "Two – classes, one – layer" within the system is gradually divided into two layers: the management group and the workers group. The management group, especially the senior management, becomes the owner of vested interests. After breaking away from the monitoring of powerful institutions, members of the Group collude with each other, safeguarding the interests of the Group. The demands of interests are not consistent in the upper and lower classes of the group. The upper bureaucratic group wants to break the shackles of system, turning management rights of means of production into ownership; the lower bureaucratic group relies on the planned economic system, and is increasingly dissatisfied with the narrower channels of getting promoted. To ordinary citizens groups, apart from the reducing of interests caused by the decline in economic efficiency, more importantly, the rebound of the political pressure creates great impact on the system. From Stalin, Khrushchev to Brezhnev's reign, the long – term accumulation of demands finds no way to release. So, it is inevitable that the tendency of radical transition finally occurs in the

Gorbachev's reign.

Part Four studies interest groups in Yeltsin's period. The radical democrats, led by Boris Yeltsin, did well in the game about the transition mode, and achieved victory in the election. Choice of "shock therapy", and deviation from the original intention in the implementation of "liberalization", "stabilization" and "privatization" were both the results of the interaction of interest groups. Recession of the country, the combination of public political power and private capital, and political and economic chaos, all made people go from romanticism back to rational thinking.

Part Five studies the interest groups in Putin's period. Due to the state autonomy and the constraints of an absolute majority of votes from the ordinary people, many measures were adopted, such as the reconstruction of the tax system majesty under the concept of "controlled market economy" and "controlled democracy", state capitalism, punishing oligarchs, vertical administrative management, protection of private property rights, and strengthening basic social security. However, official corruption, one – party dominance, and imbalance in industrial structure continued to plague Russia.

Part Six deals with the interest groups in Medvedev's period. Committing to promoting the transition process of "market" and "democracy", Medvedev proposed the objective of "modernization" . The dissertation analyzes the reasons of the huge difference between the results and the objectives from the angle of the configuration of the power of the president and the government, and the interaction between different interest groups.

Part Seven is the conclusion and enlightenments. The dissertation summarizes six enlightenments such as the boundary of the interest group activities, the state autonomy, the convenience of centralized authoritarian tradition of the Heads of State, and the importance of the neutrality.

**Key Words**: Interest groups Interaction Evolution Transition Russia

# 目　　录

# 第一章 绪论

## 第一节 研究背景

改革从"生产性努力"阶段进入"分配性冲突"阶段的转变是本研究的背景。

改革开放三十年过去了,与转型前相比较,中国经济增长的确空前提速,但与此同时,中国社会公平状况出现了不断恶化的趋势。转型初期,转型主导集团为了突出效率的示范作用和增加转型的说服力、吸引力,会专注于效率,整个社会将会被引导到对效率的追逐,所有集团被暗示转型将优化自己的境况。出于对转型的良好预期,公平被暂时忽略了。资源被重新配置,个人、集团和区域的资源权力被转移。

然而,三十年过去后,回头再看,非主导集团发现转型的果实被转型主导集团完全摘取,社会贫富分化拉大,自己的境况不是更好而是更坏了。至 2003 年,按基尼系数从低到高排序,中国在 120 个国家和地区中排到第 85 位,已经与后面 35 个社会分化非常严重的国家的水平相接近,而在最后的 35 个国家中,有 32 个是拉美和非洲国家。中国的基尼系数在过去二十七年间扩大了 40%。世界银行结论认为,"中国制度转型造成的贫富鸿沟在世界上是十分惊人的,中国的整体不平等是所有有资料国家中恶化最快的"。世界银行在其 2006 年度发展报告《公平与发展》中提供了衡量公平与否的两大原则,即作为过程公平的"机会公平"原则,与作为衡量结果公平的"避免剥夺享受成果的权利"。作为"避免剥夺享受成果的权利"原则具体化,报告隐含了两个结论:一是社会中不能出现过度财富分化;二是每个公民都应该享有最基本的社会保障。除转型主导集团以外的社会其他集团被剥夺了"享受成果的权利",开始质疑转型的合法性,要求公平分配转型成果,否则会对接下来的转型由怀疑、冷漠到抵制。然而,最初的转型主导集团为了维护本集团的既得利益,也需要强化权力。于是,经济学所强调的"生产性努力"某种程度上被政治经济学所关注的"分配性冲突"所替代。在这个时候,资源配置的效率反而可能被视为其次,而如何在博弈中争取到未来更高更主动的谈判地位,是各利益群体最大的关切。

## 第二节　研究目的和意义

从传统社会向现代社会转型、从同质性单一社会向异质性多元化社会转型的过程中,社会利益分化和利益结构重构成为转型时期最重要、最深刻的变化。由此产生的一个直接后果,就是越来越多的利益集团活跃在社会生活中,渗透在社会生活的各个领域,对政府决策和公共政策产生着重要的影响,并已经成为影响政府决策和善治的一个不可回避的现实问题。利益集团的研究正在成为理论界关注的学术热点。

苏联从 1917 年立国到 1992 年国家解体,俄罗斯从希望开始,历经混乱到社会稳定、国力回升,政治、经济和社会制度发生了重大转折,利益集团的生成、力量积聚、膨胀及回归,与俄罗斯转型进程中的制度变迁相生相伴,是一个研究利益集团与制度变迁鲜活的样本。无论内外部因素如何作用,最终都必然反映到主体上,制度变迁都必定要由特定的主体来实施完成。不管速度和方式怎样相异,如何保证向好的制度变迁,是转型国家共同的目标。利益集团作为重要的制度变迁主体,对转型道路的选择,转型政策的制定和实施,转型推进的速度等具有不可替代的作用。可以说,利益集团是转型研究绕不开的话题。

利益集团介于国家和单个民众之间,是不折不扣的中间环节,利益集团的研究当然是典型的中观研究。新政治经济学始终贯穿一致的是理性经济人的假设,无论是国家、集团还是个人都从成本收益的角度行事作为。集团力量可大可小,大到可以国家面目行事,小到可以单个民众发表意见。丈量集团力量的阈值区间,观察集团行动的约束条件,规范利益集团的行为，是对转型理论研究的补充，更是转型国家的现实关切。研究利益集团就是要观察各利益集团在转型过程中权力的变化，权力怎样变成权利，权利怎样作用于经济增长和经济发展、经济增长和经济发展又怎样引致制度变迁，以及它们如何反向作用。

理论意义：研究转型国家利益集团的权利来源，利益集团影响制度变迁的方式，利益集团活动的边界，探索制度变迁临界点，是对新政治经济学和转型经济学的补充。

现实意义：中俄同为转型期大国，政治经济的根本转型变化，必然带来社会集团的分化和利益的重新分配。如何形成良性的利益协调的社会运行机制是确保社会稳定与社会和谐发展的关键。有效的利益表达渠道的建立是消解社会利益矛盾、进行利益协调的前提。研究利益集团利益表达、利益均衡、利益综合、利益采纳机制，界定政府和集团的活动范围，有助于维护和加强执政的合法性，规范利益集团的表达渠道，对推动并实现公共政策制定的社会化参与和公共政策的内部输入具有非常重要的指导价值。

## 第三节　国内外研究现状评介

### 一　对利益集团的研究

国际学术界关于利益集团的理论研究非常丰富，横跨政治学、社会学与经济学三个学科。

（一）政治学和社会学关于利益集团形成原因、作用的研究

个人加入集团的原因，康芒斯虽然指出了"从个人到制度""从自然权力到合理价值"的必然性，但是，对必然性的阐述逻辑性不足①。行为经济学家阿兰·斯密德的论述似乎弥补了这一缺憾，阿兰认为利益集团出现的原因在于个体行为的外部性。外部性使人们的福利水平受到其他人的影响，同时又影响到其他人，因此存在冲突的可能。人们有兴趣展开合作，为个体争取更大的利益。不同的冲突协调方式会产生不同的经济产

---

① 康芒斯：《制度经济学》（下），商务印书馆1997年版，第340页。

出，不断试错的结果形成的有效的协调方式就是秩序或者制度。美国社会学多元主义集团理论认为，由于社会结构的变化和社会的分工细化，新的社会关系得以发展，出现了区别于以往以家庭为核心的社会组织。在复杂的多元主义社会中，以共同的价值观念和社会认同为纽带而形成大量社会组织如种族集团、工会组织和教会组织等，集团是个人和国家政体之间的中介。20 世纪 50 年代，美国研究集团政治最为著名的学者戴维·杜鲁门认为，现代社会的专业分工推动了利益集团的形成。

利益集团的作用存在泾渭分明的"性本恶"和"性本善"争论。18世纪美国的"宪法之父"詹姆斯·麦迪逊，就是"性本恶"的创始者。他在《联邦党人文集》中认为"派别"作为局部利益是与公共利益相悖的，"部分公民，无论在整体中属于多数还是少数，在共同的欲望或利益的推动下联合行动，但却与其他公民的权利或这个社会的长远和整体利益背道而驰"。所以，利益集团的存在对于社会公共利益、对于社会中其他人的权利都是有害的，要给予"遏制"以求"平衡"。

在麦迪逊提出利益集团"性本恶"的基础上，另一些政治学家认为，利益集团"性本善"。亚瑟·本特利是 20 世纪美国集团政治理论第一人，率先系统地用集团概念解释美国政治。他在 1908 年发表《政府过程》中，认为集团是政治的基本成分，集团总和为社会，各集团相互作用于政府，政府行为是利益集团作用的结果，政府组织则是调整和协调各种利益的工具。政府的作用是去了解集团所代表的人群和利益，从而推动政府去实现公众的利益。戴维·杜鲁门是 20 世纪 50 年代美国研究集团政治最为著名的学者。他也认为，利益集团是美国民主过程中基本的和积极的成分，是一种调整集团内部成员间的关系和调整与其他集团间关系的工具，进而有利于稳定社会。美国多元主义集团理论也对集团的作用多持积极的评价，认为多集团的存在有利于政治制度，社会利益通过组织的游说，通过集团和政府间的讨价还价，达成妥协一致，最终使决策反映公众利益。

几乎与多元主义同时出现的还有精英理论，最初的精英理论是纯粹的精英主义，认为精英作为利益集团的代表，在一定程度上控制着政治议程。后期的精英主义则介于多元主义和纯粹精英主义之间，认为在美国，权力分散于许多不同的精英手中，每个精英趋于控制一个公共政策特别领域，构成多元精英主义。然而，20 世纪六七十年代以后，研究院外活动和决策过程的学者们发现，是集团而不是精英对公共政策产生着重要的影响。

政治学和社会学对利益集团的研究是宏观的，认为社会分工是集团产生的条件，同时存在利益集团"性本恶"和"性本善"的讨论。但是有一点是共同的，那就是，二者都认为无论集团还是代表集团的精英都是通过影响公共政策来发挥作用。

（二）经济学关于利益集团形成、演进和作用的研究

至于经济学领域对利益集团的研究，虽然亚当·斯密很早就意识到，市场可能会因商人追求本集团的利益而失灵，但是相对于政治学和社会学，经济学集中研究利益集团问题相对较晚。集团在有些研究者那里被冠名为"组织"。研究方法也从集体主义深入到个人主义。

20 世纪 30 年代以后，出现了对利益集团零星分散的研究，直到 60 年代以后，以经济学方法分析政治市场的公共选择学派出现，才将利益集团作为其重要的研究对象展开研究，80 年代崛起的新制度经济学进一步推动之。与前述学科相区别的是，经济学研究利益集团带有更多的微观视角，首先是经济人的假定，其次是效用函数和成本收益分析方法。研究分为两个阶段三个派别，一个是 20 世纪 60 年代公共选择理论，另一个是 20 世纪七八十年代的新制度经济学和规制经济学。

20 世纪 60 年代公共选择理论兴起，其代表人物主要有奥尔森、布坎南。布坎南首次将经济学用于分析政治市场和公共决策，公共选择以公共物品为对象，研究公共选择行为的主体（主要指官僚、政党、政府、选民等）的行为特征和民主政治活动在现实生活中的运行方式以及如何选择有效措施以提高公共效率。布坎南等人试图寻找的是一个社会中选民如何通过理性选择来实现自身权益的最优保障。虽然研究了官僚的行为动机，但是只是将其作为类似于市场竞争中的单个生产者或消费者，而不是作为利益集团。

奥尔森第一次把利益集团形成的条件、特征、集团的内部结构等内容作为一个专门研究领域，并从其内部结构分析集团行动的动机和后果，秉承的仍然是方法论的整体主义。他先后发表了《集体行动的逻辑》（1965）、《国家的兴衰》（1982）、《权力与繁荣》（2000）等专著。在奥

尔森的《集体行动的逻辑》一书出版之前，社会学家们往往认为，从理性地寻求自身利益这一前提可以逻辑地推出集团一定会为实现共同利益而采取集体行动，即只要某些个人之间共同利益足够大，同时他们又意识到了这一点，他们会自然团结起来形成集团并为集团利益而采取行动。然而，奥尔森 1965 年出版的《集体行动的逻辑》一书指出，理性、寻求自身利益的个人不会采取行动来实现他们共同的或集团的利益，因为集团利益的公共物品性质会导致集团成员普遍的"搭便车"行为，许多合乎集体利益的集体行动并没有产生。于是奥尔森得出结论：小集团要比大集团更容易采取集体行动。不过奥尔森还发现，集体行动在两种特定条件下比较容易产生，一是集体成员的"不对称"，二是"选择性激励"。个别成员从集体行动中得到的利益比其他成员来得越大，他为集体行动作贡献的积极性也就越大。在其后出版的《国家的兴衰》和《权利与繁荣》两书中，奥尔森提出"分利联盟"理论，就利益集团的"分利"行为与滞胀现象之间的关系以及政府的两面性（既可能保护产权、促进生产，也可能掠夺私有财产、打击生产活动）等问题进行了深刻的思考与分析。

奥尔森指出，存在着一种"特殊利益集团"，这种特殊利益集团可称为"分利联盟"。而所谓"分利联盟"就是指在社会总利益中为本集团争取更多更大利益份额而采取集体行动的特殊利益集团。这类分利联盟的建立，其前提必定成功地运用"选择性刺激"和"人数控制"的方法克服了形成集体行动的两大障碍。分利联盟并不神秘而且俯拾皆是。政治的、部门或行业的、地区的以及"阶级"的群体，在一定条件下都可以组成分利联盟。奥尔森认为，"分利联盟""性本恶"，会带来三大负面影响：其一，社会中的分利集团会降低社会效率和总收入，就像许多人一齐冲进瓷器商店争抢瓷器，一部分人虽各争得一些，但还会同时打碎一些本来大家可以分到手的瓷器。其二，分利联盟将使政治生活中的分歧加剧。由于社会上大部分特殊利益集团的目的都在于重新分配国民收入而不是创造更多的总收入，必然导致社会对再分配问题的过多重视；而与此同时，一部分人的收益增加必然伴随另一部分人收益的减少，甚至减少的比增加的还多，因此人民之间就产生了怨恨。于是当特殊利益集团的地位越来越重要，分配问题格外突出时，政治上的分歧将愈演愈烈，进而引发政治选择的反复无常、政局的多变和社会的失控。其三，分利联盟另外一个坏处是造成"制度僵化"。它们一旦从某种制度安排中得利，为了保守住它们的利益，就不愿意推动制度创新。它们拒绝对迅速变化了的环境做出反应，决策或行动迟缓，对凡是可能威胁到自己既得利益的创新一概排斥，并且为了特殊利益而不惜牺牲全社会的利益。

进入 80 年代中后期，新制度经济学中的经济史学派在西方经济学界崛起，代表人物是诺斯。诺斯认为，组织就是一个决策单位，是由具有共同目标的个人结合起来的集合。组织制度变迁的动机受成本收益约束，意识主观变量也被纳入成本中；国家不再高高在上，而是组织之一；制度变迁是一个组织竞争合作的政治经济过程。诺斯将利益集团作为制度变迁的主体，研究利益集团之间的博弈对经济制度变迁的影响。他在《制度变迁理论纲要》中明确指出，"如果说制度是游戏规则，那么利益集团就是玩家"。在他与托马斯合著的《西方世界的兴起》中也说："有效率的经济组织是经济增长的关键，一个有效率的经济组织在西欧的发展正是西方兴起的原因所在。"如果组织发现制度变迁的预期收益大于预期的成本，就会竭力推动制度变迁。诺斯将组织分为初级行动团体和次级行动团体，初级行动团体和次级行动团体都是制度变迁的主体。初级行动团体是制度变迁的创新者、策划者、推动者，而次级行动团体则是制度变迁的实施者。在稀缺经济和竞争环境下，制度和组织的连续的交互作用是制度变迁的关键之点。制度变迁沿着什么方向前进，在某种程度上讲，就是成千上万组织选择、竞争、合作的"均衡"结果。

他们认为，制度演进的方向与一个社会中利益集团之间的博弈过程和结果相关。从静态上看，制度演进的方向是由社会中处于强势地位的利益集团决定的。而强势集团之所以能够决定制度演进的方向，主要是通过一定方式获取国家政权支持：或者通过赎买，或者通过强制。诺斯等人研究利益集团在制度演进中的作用，与政治学研究利益集团比较，很大区别在于，政治学研究的利益集团是在制度均衡状态下的利益集团，政府的角色是在利益集团之间寻找平衡，尽管某一项决策也许有利于某一利益集团，但长期政府决策还是会照顾到所有利益集团的。但诺斯将利益集团作为研究的基本单元，各利益集团之间势力不平衡。因此有学者将诺斯等人所说的利益集团称为"压力集团"，压力集团本身是利益集团的一种，但只有强势利益集团有力量对政府形成压力，以各种手段获得政府的支持，最极端的，可迫使统治者下台，扶持自己利益代理人上台。因此，社会中的强势集团就是压力集团。压力集团的形成是社会利益集团失衡的结果。

公共选择理论与新制度学派关于利益集团的研究，既各自独立，又相互关联。奥尔森的集团理论着重探讨集团行动的条件、集团行动与社会效率的关系性质、作用途径。诺斯着重探讨利益集团、压力集团和制度变迁的关系。两种学派运用的都是方法论集体主义。与此相对的是威廉姆森运用方法论个人主义对集团成员的个体理性的研究。

威廉姆森也以"组织"来冠名"集团"，他试图从经济学、法律和管理学的交叉点上研究利益集团问题。有人说威廉姆森是用组织行为学和新制度经济学双轮行走的经济学家。威廉姆森认识到，经济生活中组织的多样性说明每一种组织必然存在一个边界，和科斯一样，他也认为组织的边界是由边际交易成本决定的，当一种组织内部的边际交易成本和外部的边际交易成本相等时，组织实现了均衡，从这一点看，他部分接受了理性选择模型。但是，威廉姆森又不完全接受理性选择模型，而是坚持西蒙的个体有限理性假定和巴纳德的组织人假定。认为经济生活中的当事人既存在认知能力上的不足，而且也可能受信息成本的约束。组织的活动要分解到单个当事人的行为层次上研究。威廉姆森的理论中虽然以单个人的行为为基础，但强调的是契约关系中的当事人，研究由此可以扩展到权威、强权、关系网络、文化等元素对当事人和组织活动的分析。

马克思主义政治经济学认为利益集团（阶级）的形成是集团矛盾激化为无法调和的阶级矛盾的一种表现。利益集团的"意志合力"创造了历史。1890 年恩格斯在致约·布洛赫的信中写道："历史是这样创造出来的：最终的结果总是从很多单个的意志的相互冲突中产生出来的，而其中每一个意志，又是由特殊的生活条件才成为它所成为的那样。这样就有无数相互交错的力量，有无数个力的平行四边形，由此产生出一个合力，即历史结果。其中任何一个人的愿望都会受到另一个人的妨碍，而最后出现的是谁都没有希望过的事物。"

（三）利益集团规制理论

利益集团规制理论可追溯到 20 世纪初政治学家所创立的利益集团理论，较为成熟的利益集团规制理论产生于 20 世纪 70 年代的规制经济理论。随着规制实践的变化以及信息经济学、委托—代理理论、动态博弈论等微观经济学前沿理论的推动，利益集团规制理论继续发展，新规制经济理论、内生规制变迁理论、利益集团政治的委托—代理理论先后产生。虽然上述理论存在诸多差异，但这些理论采取共同的基本假设，共同研究范式。假设政府的基础性资源是强制权，能使社会福利在不同的人之间转移。规制的供求方（利益集团与政治家）都是理性经济人，通过选择行为来谋求自身福利最大化，共同的基本观点是利益集团通过寻求规制来增进它们的私人利益，从而在公共政策形成过程中发挥重要作用，共同的基本方法是供求分析方法，因此可将它们统归于利益集团规制理论。规制俘获理论发现规制并不必然和市场失灵正相关，立法者、规制者被产业所俘获，规制朝着有利于生产者的方向发展，认为规制不是为了实现公共利益，只是利益集团寻求保护它们（私人）利益的一种程序。

规制经济理论放弃了国家的公立性假设，假设政治家为自我利益最大化者，从而利益集团能够通过向政治家或规制者提供金融或其他支持来影响规制程序的结果，研究公众如何促使规制发生或产业如何控制或影响规制，解释了利益集团如何控制或影响政府规制。规制经济理论主要包括斯蒂格勒模型、佩尔兹曼最优规制政策模型、贝克尔政治均衡模型。

**二 对俄罗斯利益集团的研究**

国内研究利益集团的文献可谓浩如烟海，但经济管理类的研究并不多。从 1979 年至今，中国知网以题名"利益集团"检索到的各类文献多达 8562 条，其中，硕士论文 869 条，博士论文 277 条。多数为政治法律和社会科学其他学科的研究，经济管理类的仅有 296 条，其中硕士论文 20 条，博士论文 3 条。

国内关于俄罗斯利益集团研究大多集中在 2000 年以来，尽管只有短短的十多年，研究也已经跨政治学、经济学和社会学。文献检索的结果为，期刊论文 21 条，其中经济类的 9 条，政治法律类的 11 条。学位论文 13 条，其中经济类的 6 条，政治法律类的 5 条。对其进行梳理归纳，需依照本文的研究逻辑。

关于利益集团的形成，黄立弗在利益关系变动的层面上探讨苏联社会阶层、社会结构与经济、政治制度互动发展的进程，从而解读苏联剧变的历史原因并展现苏联社会结构嬗变的历史线索①。根据研究内容的不同，对利益集团的分类也不同，有的分为两类，有的分为三类。国内最早最权威研究俄罗斯利益集团的专著，要数中国社会科学院董晓阳先生 1999 年出版的《俄罗斯利益集团》，该书认为转型时期俄罗斯有三大利益集团即金融工业集团、地方利益集团和军事工业集团。陈小沁则认为经济领域内只存在两大利益集团——军事工业集团和金融工业集团。

文献探讨俄罗斯利益集团的作用主要侧重于探讨金融工业集团及其对经济和政治的影响。

利益集团作为经济转轨时期的一个重要存在，其对具体经济部门的影响无处不在。经济方面的研究主要从公共选择理论和新制度经济学两个学科，围绕俄罗斯利益集团与俄罗斯私有化、利益集团产生发展的公共选择、利益集团与制度变迁、利益集团与国际贸易、国际货币本位、企业治理结构、政府转移支付、利益集团与政府俘获，利益集团规制等问题展开。

钱谊指出，俄罗斯转轨之初权势阶层利用私有化提供的机会进行的"资本原始积累"式的凭证私有化和现金私有化，是一个由利益集团的相互冲突和妥协决定的动态过程，它使国有资产被少数金融寡头控制，给俄经济打下了"寡头资本主义"的深深烙印，必将对俄罗斯建立现代市场经济的目标产生长久的负面影响。田春生发现中国与俄罗斯公司治理结构转型具有共同的制度型"缺陷"，即建立在一定的"利益集团"的基础上的"内部人控制"。这种侵占和掠夺特征明显的"内部人控制"损害了社会公平。孙凌云的研究表明，俄罗斯在加入世界贸易组织时存在"速入派"和"缓入派"两种不同主张的背后，皆有明确的集团利益。刘顺鸿和孙磊在研究国际货币本位争夺和国际间技术转移等问题时也观察到了利益集团的影子。欧里卡的研究表明，俄罗斯利益集团是影响中俄石油合作的关键因素。

张春萍认为，转型时期出现的金融工业集团的发生与发展是一个充斥着强烈的利益再分配效应的公共选择过程。作为具有较强行为能力的行动团体，俄罗斯金融工业集团总是力图促使制度变迁路径沿着有利于自己的

---

① 黄立弗：《苏联社会阶层与苏联剧变研究》，社会科学文献出版社 2006 年版。

方向发展，这就必然会发生与其他利益集团的尖锐冲突。正是在与其他公共选择力量的博弈中，俄罗斯金融工业集团演绎着自身的发展轨迹：在转型初期的政府崩溃中萌芽，在政府的大力扶持下发展、壮大，在俘获政府的过程中走向鼎盛，又在新政府的强权政治下衰微、转化。

值得一提的是，庞大鹏进一步将俄罗斯总统叶利钦作为一个经济人，直面分析其在转型进程中的利益诉求及与国家的利益损益关系，深刻解析其行为动机，是对俄罗斯利益集团公共选择研究的有益补充。黄宗良认为，苏联时期官僚集团作为既得利益集团，其产生和出现必须具备的条件，指出其具有贪婪性、垄断性、排他性、保守性、颠覆性等特征。

从政策的角度分析俄罗斯利益集团，内容包括利益集团与国家治理模式、外交政策、国际关系等。董晓阳引用大量第一手俄罗斯国内相关报刊资料，介绍利益集团与政权、中产阶级、外交、传媒界和选举的相互关系。深刻而具体地分析了俄罗斯利益集团在俄罗斯政治转型中政治参与的作用与影响。

胡键认为，俄罗斯独立以后，虽然在政治上建立了"一超多强"的国家治理模式，并且从形式上确立了总统是俄罗斯政治决策的绝对支配者，但是，由于社会转型过程中其利益集团力量强大，对政治决策有重大影响。在独立初期，俄罗斯政治决策实际上是权力与"知识产权"的"契约式"决策；随着知识精英在政治权术的博弈中纷纷落马或蜕变，以及寡头利益集团的兴起，"俘获式"政治决策完全取代了原来的"契约式"决策，并引发了俄罗斯政坛危机。普京执政后，在打击兴风作浪的寡头的同时，也有意培育并有效控制着俄罗斯新的利益集团，从而使国家机构的正常决策职能得以恢复。尽管同是转型国家，张慧君认为，东欧和俄罗斯分别呈现"民主型"和"勾结型"两种完全不同的国家治理模式。究其原因，还在于俄罗斯利益集团力量对比的失衡。利益集团是影响国家治理模式形成的重要因素。如果利益集团的实力分布不均匀，特别是存在一个势力强大、易于被政府识别的利益集团，那么政府就可能通过向其支付贿赂，以博得其对政府的支持。另外，某些强势利益集团由于意识到与政府勾结能够为其带来巨大的收益，因而会主动与政府靠拢，向政府"寻租"，从而最终俘获政府。中欧各国在改革政策制定的过程中进行广泛的社会协商，倾听来自社会各方的利益诉求。例如，波兰在私有化进程中采取了由政府部门、工会、企业管理者、投资者共同参加的谈判与协商，这种方式尽管放慢了私有化的速度，但却兼顾了效率与社会公正，在很大程度上遏制了企业经理掠夺国家财产、扭曲改革决策的行为，从而使改革更具合法性。

俄罗斯利益集团不仅扭曲国内政治，而且在一定程度上影响着俄罗斯外交政策和国际关系。冯玉军比较了俄罗斯天然气集团和农工综合体后发现，利益集团要对外交决策产生影响必须具备三个条件：（1）该集团拥有巨大的与国家外交政策变化联系紧密的海外利益；（2）该集团必须拥有足够的经济实力和政治影响，可以关系到国家经济命脉乃至国家安全；（3）该集团必须在国家权力结构中找到强有力的代理人，从而可以在决策过程中有效地表达自己的意见。刘陈树也考察了俄罗斯地方利益集团对俄中天然气谈判施加的影响①，得出了相似的结论。

陈小沁则详细分析俄罗斯两大利益集团——军事工业集团和金融工业集团对俄罗斯外交的深厚影响，揭示了利益集团的利己性特征。郭韶丽将俄罗斯利益集团分为经济集团、地方集团和军事工业集团，认为其经历了萌芽、发展壮大和规范整治三个阶段，并且独具特征，包括政党政治弱化，集团政治凸显；利益分配不均导致混乱失范；集团泛政治化；集团利益与转型模式紧紧相连。

马昊把利益集团放在国家的视野下，观察到利益集团与政府是矛盾与互补的关系②，认为利益集团的成长受到法律、体制、政策、政府资金支持等政府因素的影响。与前述研究不同的是，周汝江和杨成没有止步于普京对利益集团的规制，而是在分析俄罗斯利益集团在中俄关系所起的作用后，认为利益集团回复之前的强势，并不是绝无可能，关键取决于俄罗斯

---

① 在最近俄中关于天然气合作谈判中，原先中方提出首先铺设东线方案，但由于俄萨哈共和国和哈巴罗夫斯克边疆区之间出于各自地方利益发生的管道走向之争，使得俄天然气公司转而与中方谈判先铺设西线方案。在西线方案中管道要经过的阿尔泰共和国同样借环保问题致使项目成本上涨一倍达到约 100 亿美元。因此，俄罗斯地方利益集团的作用直接影响到了俄中两国的天然气合作谈判。

② 马昊：《利益集团成长过程中的政府因素研究》，硕士学位论文，上海师范大学，2008年。宪法规定的结社自由是集团生成的根本保证；体制即政治权力配置和运用的形式以及相互之间的关系，是集团利益诉求的途径；政策法规是集团存在和运行的具体依据；财政支持是弱势集团的物质保障。

总统对局势的掌控能力。

杨成认为，2005 年以来普京执政时期俄罗斯新利益集团取代了原来的商业寡头，新官僚利益集团作为俄罗斯特色的资本主义的一个要素将继续存在，并以各种形式表现出来。

一些学者也从社会学的角度分析利益集团的社会影响。经济转型的基本目标是提高效率，确保社会公正，然而在转型经济国家中几乎无一例外地存在转型与社会公平失衡的现象。黄立弗认为，正是因为苏联官僚阶层的特权使社会显失公平，转型才有了深厚的社会基础。唐朱昌通过翔实的数据研究，认为俄罗斯的"权力资本家"通过主导经济转型政策的供给，利用制约"权力市场化"制度的缺失和其他利益主体在经济转型博弈中的弱势，形成自我加强和自我循环的"有权势者通赢"的畸形制度，严重地影响了经济转型与社会公平的和谐结合。

通过对十来年俄罗斯利益集团的研究进行梳理，我们发现，国内学术界关于俄罗斯利益集团多视角、多学科、多种方法较深入地开展研究，取得了一定的成绩。同时，我们也发现关于俄罗斯利益集团的研究总体而言数量较少，有的专题研究苏联官僚阶层，有的专题研究俄罗斯某一个强势集团如俄罗斯金融工业集团，或者军工集团，研究的学科视角要么是纯粹经济学，要么是纯粹政治学或者社会学。探讨俄罗斯社会转型、制度变迁与利益集团的论文多是描述性和方向性的。因此，只有以跨学科的研究视角，串联和扩展研究对象、纳入人数众多的社会非强势阶层，才能够深刻回答"为什么"和"什么时候"的问题，即俄罗斯官僚集团为什么变成制度转型的主导集团，主导集团为什么变成压力集团，压力集团在何种条件下影响、染指和操纵国家公共政策，又在什么时点引致制度变迁，制度变革反过来怎么调整利益集团等，从而总结出利益集团与转型的一般性和特殊性关系。

## 第四节　论文研究视角和创新之处

钱颖一认为，经济学的理论分析框架，由三个主要部分组成：视角（perspective）、参照系（reference）或基准点（benchmark）、分析工具

(analytical tools)。所谓"视角"就是从实际出发看问题的角度。即主要行动主体、制度域和主要目标三个方面，也就是谁、在什么条件下、通过怎样的手段、达到什么目标。新政治经济学在扬弃主流经济学、古典政治经济学和新旧制度经济学的过程中形成了独特的研究视角，使其明显区别于纯粹经济学。

那么什么是新政治经济学呢？

19世纪70年代边际革命之后，出于对方法论进步的渴求，达到数学准确性或科学准确性，经济学放弃了将历史、社会整体性、道德哲学与实践融入研究和知识内涵的努力。特别是罗宾斯20世纪30年代在其《经济科学的性质》一文中，把经济学定义为研究稀缺资源配置的学问之后，主流经济学逐渐形成了单一关注效率和经济增长的新传统，抛弃了对制度和社会公正的研究。这导致了经济学的根本缺陷，它对社会的理解并不充分，对复杂的权力、社会结构、组织行为及文化实践的理解也不深刻，所以很难全面理解经济行为。经济学与政治学的彻底分离使作为政治经济学直接继承者的经济学，在理论建构和实践运用上取得巨大成就的同时，也开始趋向于衰落。许多经济学家开始认识到脱离政治学的经济学是"无用的"，经济学与政治学之间天然的内在关联难以割舍。经济学的主要目标是繁荣，制度域是市场，主要行动主体是个人；政治学的主要目标是正义，制度域是政府，主要行动主体是集团。对社会来说，繁荣和正义恰如鸟之两翼，不可偏废。因此，自20世纪60年代起，西方经济学界悄然兴起了一股新政治经济学潮流。

如何定义新政治经济学的概念，学者各有侧重。阿伦·德雷泽（Allan Drazen）在《宏观经济学中的政治经济学》一书中认为，新政治经济学"主要是以运用现代经济分析的正规技术工具来考察政治学对经济学的重要性来定义。运用现代经济分析，不仅仅体现在运用数学方法这种形式化的意义上，而且表现为它还是概念性的，它运用最优化、激励和约束等概念来考察政治现象"。他进一步认为，政治学的本质是"权力和授权"，而权力和授权的基础是利益不一致的，因此，"不一致性和利益冲突是政治经济学的实质"。黄新华认为，新政治经济学包括新制度经济学、公共选择理论和规制经济学。盛洪在《现代制度经济学》序言二中也认为"新制度经济学、新经济史学、产权经济学、法与经济学、管制的政治经济学、立宪经济学和公共选择理论一起，共同构成了新政治经济学"。本书赞同李增刚对新政治经济学的定义，"新政治经济学是在研究经济问题（经济增长、经济发展、资源配置等）时至少不把政治、制度、法律、意识形态等排除在外，并采用经济学的假设、原理和工具内生分析政治、制度、法律、意识形态等方面，横跨经济学和政治学的一门交叉学科。"

同时，我们注意到，经济学与政治学的分离与重新融合与其说是理论研究领域的拓展，不如说是历史发展的政治经济需要。

19世纪至20世纪上半叶，经济学的去政治化正好与同时期西方国家"远离"市场的趋势以及自由主义意识形态对个人自由的强调相呼应。从传统政治经济学到现代经济学的研究对象的转变，其背后有很深刻的历史背景。这就是，在经过了近三百年的"斗争—妥协—再斗争—再妥协"的反复后，典型资本主义国家内部的权力结构与各利益集团之间的关系，已经走向了一种较为稳定的有秩序状态。原来强势的资本集团已受到约束，懂得让步；而弱势的劳工集团也已因为工会组织的强大而变得不再像原来那样弱势。各种利益集团之间已形成某种相对均势与相互制衡的局面，权力界定或广义的产权界定已近完成。在这种背景下，政治经济学的使命在典型西方资本统治社会几近结束，而追逐增长的所谓纯经济学越来越成为主流。然而，从20世纪初叶开始，当人们在纯经济学自由主义思想下追逐个人利益时，一场以"过剩"为特征的经济危机席卷全球，引起了对自由主义的反思。直到20世纪70年代中后期，主要资本主义国家出现滞胀，主流经济学增长理论的解释力受到质疑。诺斯甚至提出："以往所认为的经济发展的原因，如技术进步、投资增长、专业化和分工等，并不是经济发展的原因，而是经济发展本身。经济发展的原因要到引起这些现象的制度因素中去寻找。"自此，分析政治过程的公共选择学派、分析制度变迁和均衡的新制度经济学派、经济史学派等纷纷出现，经济学和政治学逐渐走向新的融合。

新政治经济学特别的研究视角体现在以下几个方面：首先，人、集团或阶级的偏好与行为在研究中的地位不同。新政治经济学将集体行动置于研究的核心，尤为关注利益集团博弈的政治过程。经济学则在其分析中抽象、淡化处理个人偏好与选择密切相关的集体行动问题。其次，博弈者对相对利益与绝对利益的态度不同。经济学更多的是关心绝对福利的改进，看重的是参与交易的各方均能不同程度地获益。新政治经济学则更关注相对利益，这意味着只要竞争对手的损失更大，自己即便有损失也可被认为是胜利，或者尽管自己的绝对福利有所改善，如果相对福利位置靠后，仍会产生不满。再次，冲突解决的手段不同。经济学的讨论局限于"和平状态"下的竞争与合作，冲突往往通过谈判或仲裁等手段加以化解。新政治经济学则把游行示威甚至战争等极端手段的使用纳入其分析之中。最后，研究者（或观察者）与研究对象的关系不同。新政治经济学中观察者通常把自己放到决策者，有时甚至是放到最高决策者的位置上来看待世界、思考问题。经济学则往往在理念上严守着置身于社会经济与政治过程之外的中立原则。

本书的研究视角无疑是新政治经济学的研究视角。考察俄罗斯利益集团的利益目标，以及为达到这一目标在转型之前、之中和后转型时期的行动，各利益集团相互作用所形成的动态均衡。在新制度经济学的研究范式之内，与已有的文献相比，因为研究的需要，本书在行文过程中已然具有了一些特色。

首先，对行动主体的扩展。本书把社会所有的阶层和群体纳入研究视野，而不仅仅只是强势利益集团。将社会所有的阶层和群体分为总统、中央政府、地方政府、强势利益集团和普通市民集团五个利益集团。只有全面考察转型时期各利益集团的相互作用，研究才能更客观、结论才能更科学。

其次，研究不仅关注集团的行动条件，更关注个人的行为动机。以经济人假设为起点，个体加入集团的动机，除社会分工、个体行为外部性以外，更重要的是个体受需求层次的约束。相同的收入层次决定了相似的需求，收入越高，所处的需求层次越高。赤贫者与高尔夫俱乐部的成员处在相同的需求层次上是不符合实际的。

一个利益集团，如果没有获得合法性认可和具有活动的合法性，是不长久的。俄罗斯转型主导集团脱胎自苏联时期的官僚集团，后蜕变为俄罗斯压力集团，从合法性困扰过渡到合法性认可，经历了看得见的重大制度变迁。

还有，研究将相对公平作为重要的评判标准。公平的位置历来被定位在分配领域，属伦理学的范畴，然而，近来的研究表明，"生产性的"、"分配性的"不是对立的，通过社会排斥①和"贫困亚文化"②表现出来的长期的显失公平会进入人们的意识层面，从投资和消费两个方面对生产效率产生负面影响，阻碍社会对生产效率的追求。公平通常指的是相对公平，绝对公平只是参照系或理想状态，就像研究市场效率把完全竞争市场作为参照一样，将公平歪曲为平均主义不是认识不够就是别有用心。

最为特别的是研究具有了更连贯、更深邃的历史视角。研究对象从观察苏联官僚阶层到当今俄罗斯利益集团，时间横跨转型前期、转型初期、转型中期和后转型期。研究利益集团纵然要研究其生成和行动的环境，但是如果仅以不可复制的局部、阶段性环境来讨论利益集团，则难以提炼出一般性、规律性的解释。此外，不可否认，强势利益集团在制度变迁过程中风头强劲、作用巨大，然而，制度变迁是社会所有利益集团共同参与、相互作用的结果。因此，仅仅关注强势利益集团，研究即便具有某种说服力，也是不全面的。强势利益集团的活动可以解释短期的政策变动，但是从长期来看，一国的经济社会转型，总是受一只看不见的手引导，那就是一国固有的文化、意识。然而，文化意识也并非一成不变，制度变迁会给其增添新的内容。从更长远的历史时间和更广泛的集团视角来研究俄罗斯转型，同时注重文化意识与俄罗斯转型的关系，是本书的一大突破。

---

① 社会排斥（Social Exclusion）理论最早可以追溯到亚当·斯密。在《国富论》中，他认为，贫困的可怕之处不仅仅是缺少生活必需品，更可怕的是因此导致的被排斥在社会生活之外。后来，这种理论经过以研究经济学与伦理关系而著称的阿玛蒂亚·森等人的发展，已趋完整。森认为，一个人均收入很低的国家，只要不存在社会排斥，这个国家不仅是公平的，而且其人民可以认为是不贫困的；相反，即使是一个人均收入很高的国家，如果存在较为普遍的社会排斥，这个国家不仅不公平而且肯定同时存在大规模的贫困现象。

② 长期处于贫困状态、被社会排斥的贫困阶层就会形成一种特殊的价值判断和心理意识，这就是"贫困亚文化"。贫困亚文化是穷人对自己处境的看法。不单是指最低的收入，而且是指特殊的生活方式、世代相传的行为准则、领会外界事物的定式和特殊的心理状态。只有存在长期性贫困的社会才会出现贫困亚文化。贫困亚文化的特点是：气势汹汹地愤恨一切、崇拜武力和平等，冷漠和倾向冒险，指责别人造成自己的苦难等消极情绪，从犬儒主义到消极对抗一直发展为最后的破坏行为，个体心理效用沉淀为一种阶层文化意识，成为制度变迁中最为暴力的集团力量。[俄] 弗·伊·多博林科夫：《社会学》社会科学文献出版社2006年版，第348页。

# 第五节　研究方法和分析理论工具

经济研究方法总体而言，都可以纳入归纳法和演绎法的范畴。所谓归纳法就是从特定资料→归纳逻辑→一般理论，强调观察和系统地总结经验是获取知识的主要手段，重视对资料的收集整理工作。所谓演绎法就是从原理→演绎逻辑→理论命题→经验检验，强调思维活动对外部世界的认识作用，主张运用逻辑演绎的推理思想，根据事物间的逻辑关系，寻找出其他各种未被认识的真理，建立知识体系。演绎又分为公理化演绎和数学化演绎。长期的研究和争论表明，无论是古典政治经济学还是新古典经济学以及方兴未艾的新政治经济学，归纳法和演绎法都是互相配合和渗透，缺一不可。

本书主要采用新政治经济学的理论分析工具和研究方法。

新政治经济学既然是以经济学和政治学为基础的多学科的融合，在方法论上必然也是兼收并蓄，它不仅沿袭了主流经济学的方法论，而且某种程度上继承了古典政治经济学、旧制度经济学的传统①。

主流经济学是方法论个人主义，坚持理性经济人自利性和完全信息假设，追求个人利益最大化。政治学是方法论的集体主义，坚持组织活动的公益性，以正义公平为核心。新制度经济学的基本方法论是个人主义、自由主义和功利主义，从个体私利出发，研究不受制度约束的个人如何在没有政府干预的自由市场经济里追求个体利益最大化。最大限度地契合了主流经济学"个人自由地追求功利"的精神，因而能够为主流经济学所接受。新制度经济学区别于新古典经济学的一个显著的特征就是立足于微观，大量采用案例进行实证分析，强调对客观世界的解释，比如科斯对交易费用的分析、诺斯对制度博弈和制度均衡的分析、巴泽尔对产权的分析等。

---

① 制度经济学研究范式除了马克思主义制度经济学以外，就是以凡勃伦、康芒斯及后来美国的加尔布雷斯为代表的旧制度经济学和以科斯为代表的新制度经济学。周东涛：《经济中国之新制度经济学与中国》，中国经济出版社 2004 年版，第 247 页。

如果说新制度经济学是对新古典经济学的完善和拓展，放松新古典经济学制度外生不变的假设，增强经济学实际解释力，那么，旧制度经济学则对新古典经济学脱离实际的经济分析持批判态度，从而发展出不同的分析方法来创立不同的经济学。旧制度经济学的基本方法论是集体主义和进化主义，即使主张制度个人主义也不是新古典经济学不受制度约束的个人主义。旧制度经济学反对不切实际的数量分析，力图拉近经济学与现实的关系，表现出积极的"入世"态度，他们用制度结构分析来代替数量分析，这种分析包括权力分析、利益集团分析、规范分析及社会政治和经济制度的分析。理论研究从权力入手来发现制度的经济功能，认为经济不只是市场体系，而是一套权力体系，并且在经济中，权力是决定性的。对制度和权力的变化进行动态分析，从心理和精神的变化解释社会经济现象的变化过程。

新政治经济学既强调政治过程中的经济行为，比如采用经济学主体的自利假设和约束条件下利益最大化来解释政治制度的起源和现状；也强调经济中的政治行为，比如强调经济现象的政治背景。与着重讨论财富和权力的古典政治经济学的规范研究方法和专注于历史描述的历史研究方法不同的是，新政治经济学寻求一般原理和命题，并将实际与这些原理和命题相对比，强调对实际进行理解和解释。新政治经济学既是方法论个人主义，也是方法论集体主义，不仅个人而且集体、组织都追求自身利益最大化。然而，政治经济活动的主体是有限理性的，机会主义无孔不入。显然，新政治经济学的重点是微观基础，根植于微观经济学理性人的分析方法，其主要思路、方法或工具是新古典的，以理性选择作为所有主体的行为假定，并且偏好是稳定的，分析的最终结果是求出均衡解——局部均衡或一般均衡解。新政治经济学也强调对经济政策的分析，注重宏观的理论性的概括和总结。

转型时期的国家和地区，集团拥有不同的资源，包括数量和质量的不同，转型过程中资源的相对重要性发生了变化，原有的社会集团结构必然重新分化组合。由于约束规则的滞后，出现一个集团剥夺另一个集团利益的现象，剥夺的程度依转型方式、转型阶段而有所差异，而且这种剥夺会阻滞经济增长。因此，有人提出要重回政治经济学，放弃外部政治环境恒定不变的假设，毕竟转型时期的经济政策制定和实施离不开政治过程，而政治制度的根本转型又深刻地影响着经济领域的资源配置和利益分配。此外，集团、集团资源、集团权力、权力的实施及实施的约束条件，集团与公共决策，集团的利益共容及其与制度变迁的相互作用等问题的研究，显然已经超出了上述纯粹经济学的学理范畴，需要借用其他学科的研究方法来解析。因此，理论工具和研究方法会涉及社会学中的社会分层理论和社会流动理论和相关的研究方法。

此外，本书还将采用归纳法中的文献综述法，演绎法中的理论分析法和实证分析法。对俄罗斯利益集团领域的研究现状包括主要学术观点、争论焦点、新问题、新方法、新发现，研究前景和存在的问题等，进行归纳整理和评论。用理论分析法构建理论模型，直观呈现资源、利益集团作用及其引致制度变迁的过程。在通过研究俄罗斯利益集团与公共物品、俄罗斯利益集团的分化组合、各集团的分配状况，来对理论进行验证时，必然要求采用实证的分析方法。

# 第六节　研究内容、研究思路和结构安排

研究假设任何个人、组织和集团都是利己的；个人之间、集团之间、个人和集团之间竞争与合作并存，采取何种行动来源于成本收益的考虑；成本和收益包括即期和预期。有观点认为，国家集私利和公利于一身，比如对外维护国家主权，对内提供公共物品，维护社会公平正义。然而，长远来看，国家的私利性质是明确的：稳定民众的当前和未来预期，保持和巩固政权的合法性。国家元首或领袖也是私利的，只不过他在更高层次上获取自我满足的同时，有着更大的外部性溢出。

在原有的制度框架下，个人和集团的资源、权力不断积累变化，当某个集团的权力大于权利时，该集团就会产生权力内化的要求，要求权力被确认为权利，即权力的合法性获得。权力必须经过法律程序形成权利，于是该集团就会通过公共决策作用于政府当局，但是，在权力的积累和合法性获得过程中必然引起其他集团权力的增加或减少，这些集团组成或支持或反对的力量，各种集团的力量综合作用，推动制度变迁，重新达到制度均衡，新的制度形成（见图1－1）。由此可见，权利是与一定的权力相对

应的。同样，当权利的使用超过了权力界限，比如，公权私有化，就会出现使用的不合法。权利使用的不合法，也会使其他集团的权力增加或减少从而引起制度变迁。在利益集团与公共决策发生作用的过程中，集团本身不停地演化，演化蕴藏着受历史、意识影响的公平，而公平是利益共容的内核。

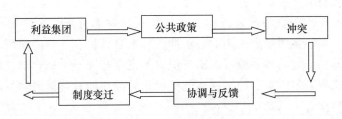

**图 1 - 1　利益集团演进与制度变迁**

　　研究首先确立一个解释框架。按照某一个标准将社会分成不同的利益集团，静态分析其某一时点上的目标函数及函数的交集。然后动态考察在某一时段上，利益集团目标函数发生的变化，及产生变化的原因，探究利益集团与公共政策的关系。

　　研究在上述的结构模型下展开。本书第三章论述苏联解体前的利益集团构成与转型诉求。观察苏联自立国开始到解体前，集团利益布局和各集团所掌握的资源及权力的变化，解析各集团的转型诉求及诉求方式。苏联时期苏联官僚集团在斯大林时期因为行政垄断积累了可观的经济资源和暗流汹涌的组织资源，产生权力内生化的动力。在对赫鲁晓夫改革采取消极抵制中维护本集团的利益，在勃列日涅夫政府的妥协式改革中巩固和扩大权力，在戈尔巴乔夫改革中集团与政府力量的相持到突破，当原有体制无法解决权力的合法性获得，集团就会摒弃原有的体制。苏联的解体，正是官僚集团权力摒弃旧体制，建立新体制，寻求合法性获得的过程。在官僚集团主导，其他集团机会主义附和中，苏联政治体制彻底改变，苏联官僚集团获得了在原有体制下无法获得的政治决策权力。

　　转型初期，官僚集团权力合法性获得，却使其他集团的资源、权力收缩，社会贫富差距急剧扩大，整体福利下降。不仅工人、农民、知识分子、离退休人员等集团绝对和相对权利受损，搭便车的机会主义失败，而且政府的权力也在被蚕食，最根本的财政税收权力被侵蚀，有些地方利益集团甚至开始试探政府的强制权力。这一时期，强势利益集团、政府和其他利益集团的利益诉求、表达基础和途径、表达方式等及其与制度变迁的关系。

国库空虚的政府只能依附于强势利益集团，放任其一股独大。权力的纷争，又使强势集团内部发生分化。这一时期，强势利益集团几乎以国家的面目出现，在政治、经济和文化传媒领域肆意挥洒权力，甚至挟持政府。强势利益集团权力使用的合法性受到来自其他利益集团前所未有的质疑。但是，传统的领袖权威政治意识仍然根深蒂固，于是政治领域就出现总统和议会之争。本书的第四章就是讨论转型初期利益集团的争斗与转型目标的确立。

当集团对利益的追求超出某个范围，掠夺其他利益集团的资源，侵蚀它们的权力基础，甚至侵犯它们的合法权利，那么，就到了对其规范的时候了。这时，意识又一次显示其作用，政治威权主义、经济国家主义与利益受损集团相结合，国家职能逐渐恢复。普京政府对转型时期强势利益集团的准确规制，正是出于恢复国家职能的考虑，但是制衡强势利益集团的根本办法还必定是"众建诸侯而少其力"，扶持其他利益集团。分析普京政府对利益集团治理和对转型进程的调整，由本书的第五章来完成。

第六章论述梅德韦杰夫时期对转型的推进。梅德韦杰夫提出的"现代化"难以取得预期的成绩，在于新的既得利益集团的阻挠，这些利益集团中突出的是官僚寡头尤其是强力寡头。

第七章是结论和启示：归纳俄罗斯利益集团在转型时期的演进和作用，提炼出有意义的启示。简要地讨论研究结论对研究我国利益集团的启示，探讨启示的适用性。

# 第二章 利益集团与经济政治转型：
# 一个解释框架

## 第一节 利益集团的含义、类型和特征

### 一 利益集团的含义

不同的理论学科在不同的历史阶段，在定义利益集团的概念时，各有侧重。政治学中，较有代表性的是《布莱克维尔政治学百科全书》中的定义，利益集团是指"致力于影响国家政策方向的组织，它们自身并不图谋推翻政府"。被誉为研究利益集团"第一个重要的理论家"的詹姆斯·麦迪逊认为，利益集团"为某种共同的利益驱动而联合起来的公民，不管他们占全部公民的多数和少数，而他们的利益是损害公民的权利和社会永久加总利益的"。政治学指出了利益集团存在的必然性，并认为利益集团是非中性的，它通过对政策的政治过程施加影响而为本集团谋利益。沃塞曼明确指出"利益集团就是一部分人组织起来，为追求共同利益而对政治过程施加压力"。如果说以上的研究皆认为利益集团只局限于较小范围人群，而阿尔蒙德和小鲍威尔的研究则认为利益集团是广泛存在的，他们认为所谓利益集团就是"由具有特定共同要求的人们构成的，并试图通过影响政府的政策和行为来实现和维护自己利益的社会群体，它既包括具有一定规则和组织的利益团体，也包括大量松散的、缺少组织形态的利益集团，比如以种族、语言、宗教、地区和职业，或者以家族和血缘为基础"。

公共选择理论的重要代表人物丹尼斯·C. 缪勒认为，"利益集团是具有同样嗜好和收入的个人群体"。新制度经济学中的经济史学派基本认同

利益集团的集群和唯利性，并且将利益集团作为制度变迁中的基本单元。国内研究制度经济学的学者张宇燕定义利益集团时，采取先拆后合的方式，把利益集团拆分为"利益"和"集团"，所谓"利益"就是好处，可以是货币的也可以是非货币的，"集团"则多指"具有相似和共同属性的人群"，因此认为，利益集团就是"由一群具有共同利益的在社会中占少数的人组成的团体，其目的在于通过对国家立法或者政府政策的形成和执行施加于己有益的影响，不仅如此，如果可能的话，他们还会图谋组织政府或者垄断立法机构，以期最便捷的实现自身利益"。

## 二 利益集团的类型

利益集团按照其组织程度的不同，分为自发性利益集团和自觉性利益集团。自发性利益集团组织程度低或没有明确的组织，只是具有共同诉求的一个群体，而且其诉求在马斯洛的需求层次中处于较低位置①，持用的资源数量少或者重要程度低。这样的利益集团规模大，独立行动能力较弱，往往是规模小、独立行动力强的利益集团争取的对象，是选择性激励的施受者。比如在中产阶级弱小、社会结构呈锥形的国家，底层人群就是自发性的利益集团。自觉性的利益集团一般有明确的组织结构和利益诉求，且诉求在需求层次中位于较高位置，持有资源数量多、份额大或者资源重要程度高，规模较小、行动力强，一般来说，是选择性激励的施与者。比如协会、政党等。

为便于研究，这里有必要厘清一些容易混淆的概念。一个是"阶层"，另一个是"阶级"。阶层仅指具有相似和共同属性的人的集合，这类人群可能会有共同的利益，但并不具有组织和规则，尚没有为获得利益而采取某种行为。而"阶级"具有明确的利益诉求，为追求利益采取集体行动，且往往与冲突、对立和斗争联系在一起。如果说阶层是一种泛化的利益集团，那么阶级则是矛盾难以调和的利益集团。事实上，转型国家在政治、经济和社会制度变迁的过程中，集团分化组合，一些自发性的集

---

① 马斯洛将人的需求分为五个大层次，各层次又包含不同的内容。生理需求包括呼吸、水、食物、睡眠、生理平衡等。安全上的需求包括人身安全、健康保障、资源所有性、财产所有性、道德保障、工作职位保障、家庭安全等。社会需求指交往和群体归属感要求。自我实现的需求包括道德、创造力、自觉性、问题解决能力、公正度、接受现实能力等。此外，无论处在哪个层次，人们都有上升流动的需要，总是在寻找机会努力向上流动。

团对利益变化比以往敏锐，一般而言都会有利益表达，所以，转型时期的利益集团比较活跃，不再是"安静"的阶层。

**三　利益集团的特征**

在比较和综合界定利益集团时，我们可以归纳出利益集团的一些特征。即：第一，集群性。第二，利益性。第三，狭隘性。第四，行动性。第五，与公共政策的关联性。第六，发展动态性。综合这六个特征，可以定性表述为：利益集团就是采取行动通过作用于公共政策以谋求某种特定集团利益的人群集合，其人员组成、利益目标、作用手段与其他集团的关系处于动态变化之中。许云宵归纳的利益集团的特征与此大致相同。她认为："利益集团具有以下几个特征：首先是一个有组织的集团，一个宣称自己代表着具有共同利益或理想的人们的组织。它是由众多当事者组成的一个群体，是一定属性相同或相似的人们的集合体，对其成员具有一定的吸引力。其次，集团成员具有共同的利益或者目标，战略明确。一般促使利益集团形成的基础有：共同的收入来源，相同的收入水平，相同的行业，同一地区，以及相同的人口统计学上的特征如同年龄、同性别等。在这些基础上划分的选民也具有共同的经济利益。一般而言，利益相同的选民人数越少，利益所受影响越大，则越易形成联盟。最后，它为了共同利益向政府机构提出要求和施加压力，使政策符合它的要求。"

# 第二节　利益集团作用的方式和途径

利益集团最表面的、直接可见的利益表达方式主要有6种：游说——由院外活动人员直接对参与决策的人进行游说；行贿；公开活动——利用本组织成员、舆论工具甚至联合其他利益集团来影响公共政策的制定；和平请愿；示威游行；其他非正常的具有一定强制性的利益表达方式，如恐怖活动、暴力冲突等。从根本上来说，利益集团通过经济影响、政治选票和控制舆情导向作用于社会公众，最终作用于公共政策的制定和执行。利益集团凭借所拥有的组织、经济和文化资源在确定政策目标、设计备选方案、评估和选择方案，使方案合法化的过程中博弈均衡。

政策制定是以公平、效率、发展、自由、安全为目标，以系统性、可行性和动态一致性等为原则，在政策分析的基础上，为了解决某个社会问题而提出一系列方案或计划，论证和审查备选方案，最后形成正式政策的过程。公共政策执行研究始于 20 世纪七八十年代，主要分三个阶段。

第一阶段的研究受到古典模式的深刻影响，认为行政组织的结构特征是集权的、层级制的、金字塔形的，认为公共政策的执行是一个自上而下的过程。

第二阶段的研究则与此相反，认为公共政策的执行是自下而上的，随着工业社会、政治民主和福利国家的发展，各种公私组织相继兴起，彼此之间的互动和依赖逐渐增强，这样，多元组织集群就决定了政策执行的效果。

第三个阶段的研究是对前两种的综合，强调执行机构之间的网络关系，这种关系有垂直（中央、省市、县乡等）和水平（平行级别的各类机构之间）两种。

公共政策执行是一个动态过程，它是指政策方案经合法化后，政策执行者通过一定的组织形式，运用各种政策资源，采取解释、宣传、实验、实施、协调与监控等各种行动，将政策观念形态的内容转化为现实效果，从而实现既定政策目标的活动过程。任何公共政策都是由特定的执行主体、在一定的正式制度环境和非正式制度中执行。从横切面来看，公共政策研究又可以分为行动理论、组织理论和博弈理论。博弈理论认为，政策执行是一个政治上讨价还价的交易过程，不仅政策执行者与政策对象之间，而且政策的执行者、执行监督者、政策对象之间根据各自持有的组织、经济和文化权力资源通过不同方式的交易，在各种力量的互动过程中，达成某种妥协、退让和默契。

一　经济影响

利益集团因其持有的经济资源数量大或者重要程度高，对国家和地区经济发展能够产生短时期内无法替代的作用。经济资源主要是指对生产资料的所有权、使用权和经营权。最直接的影响就是政治竞选费用，美国的政治竞选经费呈上升势头，金钱在美国政治中的重要性上升。对于是否修改存在漏洞的限制竞选捐款的现行法律，不同的利益集团意见相左。那些在全国性选举中影响力最大的利益集团，往往向候选人提供自愿捐款，总额可达数千万美元。利益集团的经济影响可能会扩大到地区和国家的产业发展和经济结构，从而对公共政策产生影响。无论是苏联时期国家全面掌控的经济，还是叶利钦时期的寡头经济，以及普京时期的国家资本主义，主导型利益集团都拥有无人能及的经济控制力，从而作用于公共政策。

二 政治选票

政治选票在政治市场上就如同经济市场中的货币。选票越多，集团的竞争力就越强。集团的主张和价值取向就是商品，选民根据个人的利益和偏好，用所持有的选票来选择这个或那个集团。或然选举模型（Coughlin，1990）分析认为，某个集团对于执政党的重要性体现在其权重（$L_i$）上，而权重 $L_i = ni/(ri - L_i)$。由此可以看出，集团的政治影响受两个因素决定：集团人数 $ni$，即，集团成员越多，政治影响的权重 $L_i$ 越大；成员政治偏好的同质性，即，集团成员的偏好越接近（也可理解为集团越团结），（$ri - L_i$）越小，集团的权重 Li 就越大。这个模型解释了政治家重视人数众多的基层选民的原因，特别是在实现了直接选举的政治竞争的国家。在转型初期，以叶利钦为首的激进民主派，宣扬"市场"、"民主"，聚集了大量选票，赢得了选举，正式实施计划经济向市场经济的转轨。普京时期，提高工资和社会保障，改善普通民众的生活状况，获得了社会基层的广泛支持，牢牢地掌握了为数众多的基层选票。任何时候，选票都是集团作用于公共政策的工具。

三 舆情掌控

利用大众媒体传达集团主张，表达利益诉求，吸引选民注意力，既协调集团内部的行动，同时也施压于决策部门和执行部门，是利益集团行动的又一种方式。通过大众传媒，向大众传送有利于本集团的信息，争取大众舆论的同情与支持，建立庞大的社会信息支持网络，形成一定的社会舆论，使本集团的利益诉求政策进入公共政策视野，直至转变为政策输出。或者，通过各种渠道从政府获取信息，将之传递给社会公众，使社会公众能够在信息对称基础上提出自己的利益诉求，形成对公共政策制定和执行的压力。叶利钦谋求连任的选举中，在落后于俄共领导人久加诺夫的背景下，得益于寡头控制的媒体，选举结果出现了惊天大逆转，叶利钦击败了对手赢得选举。普京两次竞选总统，也是利用媒体展开舆论宣传，阐述治国思想。

任何一个利益集团都不可能仅仅单独使用上述的某一种方式，而是几种方式的联合使用，集团作用力是上述三种方式形成的合力。每一种方式的效果都由各自的资源即经济资源、组织资源和文化资源决定。

组织资源包括行政组织资源与政治组织资源，主要是指组织拥有的支配社会资源的能力；文化资源是指社会（通过证书和资格认证）所认可的知识和技术。集团作用力的大小取决于其控制资源的数量和质量，质量是指资源的重要性或者资源的稀缺程度。静态的数量描述可以表达为：

$$P\ (N,\ M)\ =\sum N_i M_i$$

其中，$N$ 为资源质量，$M$ 为资源数量。

社会发展阶段不同，同一集团持有的资源重要性不同，拥有的权力就不同。农业社会，土地资源持有者地主是强势集团；工业社会，持有资本的资本家是强势集团；后工业社会，持有技术知识的知识精英是社会的强势集团。在经济资源、组织资源和文化资源的排序上，经济是基础、是核心，经济基础决定上层建筑，经济资源决定政治资源和文化资源，政治和文化反过来为经济基础服务。计划经济时期，生产资料公有制，联邦国家占据决定性的经济资源，与之相应的是组织资源和文化资源在国家层面的高度集中。普京时期，阐述治国思想、排除寡头对政治的干扰，为恢复国家经济影响创造条件。任何一个利益集团，可以短暂缺失文化和组织资源，但是不能失去经济资源，尤其是不能失去维持基本生存的绝对经济权力和保持公正的相对经济资源。

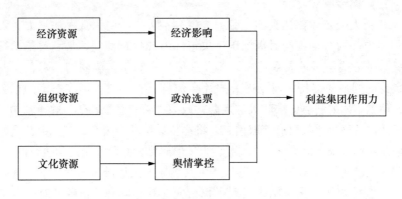

**图 2 - 1　利益集团作用途径及其来源**

根据转型时期俄罗斯各利益集团对公共政策作用力的大小，将俄罗斯利益集团分为总统、联邦中央、地方政府、官僚集团和普通民众集团五大利益集团。

$F_{普通民众} = F$（福利 | 自身劳动力）

普通民众集团除了自己的劳动力以外一无所有，他们的需求大多局限于较低的需求层次，其主要组成成分为普通工人、农民和知识分子。

$F_{其他活跃性利益集团} = F$（财产永久所有权 | 数量质量可观的经济资源，对生产或交易具有垄断地位，掌握着资本、市场等经济资源）

该利益集团主要是指除国家元首、政府集团以外具有较强行动能力的集团，包括苏联时期的管理集团、转型时期的寡头、知识精英等。

$F_{地方政府} = F$（地方稳定、财政收入的增加、官员的升迁、声誉 | 地方立法和行政权力、地方经济权力——土地、劳动力、金融、信息、市场，地方文化资源）

$F_{中央政府} = F$（国家安全，经济增长、社会稳定、国际影响力 | 组织资源——全国性行政组织资源和立法、司法和强制力等政治组织资源，联邦经济资源和主导性文化资源）

$F_{总统} = F$（个人和家庭安全、福利保障，个人声誉 | 组织资源、文化意识资源和经济资源）

总统会面临各种争夺资源和权力的竞争，这些竞争可能来自本国有权势的人或者其他单一民族国家。如果竞争程度低，总统受到的限制就比较少，他可以更多地索取资源。如果竞争程度高，那么总统的活动范围将会受到更多限制，特别是，总统将会安抚那些强大的利益集团，给予它们优惠待遇。无论是哪一种情况，都会导致低效率的制度，从而牺牲边缘群体的利益，使得总统和强势利益集团受益。此外，如果计算产出和执行税法的交易成本很高，总统可能会屈从于短期财富的诱惑，用垄断权来换取财政收入。统治者必须取悦的那些利益集团可能会获得这些资源。

俄罗斯社会的五个集团相互之间是或强或弱的依存关系，普通民众集团可以用选票约束联邦中央政府和地方政府，地方政府用税收和归顺、统一约束联邦中央，联邦中央以立法约束总统。反过来，总统用否决权和强力机构辖制联邦中央和地方政府，联邦中央、地方政府用立法和行政来向普通市民集团和弱势集团分配利益。强势利益集团与社会其他利益集团之间在经济增长时期可能形成利益共同增加的局面，比较容易达成妥协。在经济停滞和混乱时期，如果联邦中央不能具备足够的威权（组织、经济和文化资源），强势利益集团就会侵占其他利益集团尤其是弱势集团的利益，往往还会出现"抢瓷器"的悲剧。为了掩盖所攫取的经济资源和权力的非正当性，取得合法性认可，强势利益集团必然会进一步强化本集团的组织资源和文化资源，通过立法确认和舆论强调其经济权力的合法性，从而侵占其他集团的组织和文化资源甚至国家公共资源。叶利钦时期的寡头正是为了确保本集团在野蛮自由化和私有化过程中攫取的经济资源，在政府中寻找代理人或直接参政，通过传媒渲染施压，要求联邦中央和总统立法予以保护。所以，经济衰退时期利益集团的斗争性加强而合作性减少，社会容易陷入混乱，拥有强权的联邦此时表现出对强制权力的偏向，矫正强势集团的行动，比如普京上台之初。

## 第三节　作用结果与利益集团演化

俄罗斯转型道路的选择，转型进程的推进和调整，利益集团身居其中相互影响、相互作用，共同演绎了和正在演绎着一部别具特色的转型史。研究转型过程中的利益集团，必须直面的问题是：主导转型进程的利益集团为什么是这个而不是那个？压力集团是怎么形成的？期间各集团地位变化、变化的原因及其对转型进程的作用？转型进程又如何反作用于利益集团？要回答这些问题，就必须比对利益集团的行动目标和作用结果，并考察利益集团自身在其中的演化。

集团的利益目标交叉参差。不论是转型初期转型道路、转型方式的选择，还是中期转型进程的调整，都是各利益集团利用所掌握的资源为实现本集团利益目标相互作用斗争妥协的结果。集团利益目标由个体利益目标综合而成。个人利益目标由个人所处需求层次决定，相同的需求层次产生近似的利益要求。对一般人而言，最先追求的是低层次需求即绝对经济权力，因而，这一群体人数较众，要求表达最坚决，一旦诉求受挫，反应也最激烈，"革命也最彻底"。但是集团利益目标又不是个人利益目标的简单组合。个体目标提炼为集团目标时，要求舍弃零碎的、与集团目标相关性差的个体目标。个人利益目标到集团利益目标，是从方法论的个人主义到方法论的集体主义。符合"卡尔多—希克斯标准"①，增进社会总体福利的改革目标往往难以达成，原因就在于不同的集团以及集团中的个人利益分配不一致，即不符合"戴维斯—诺斯标准"②。

美国著名经济学家鲍莫尔曾这样注解：无论是卡尔多提出的所谓"合意的革新"，还是希克斯提出的"可容许的改革"，其实是指这样一种状态：这种革新或改革给全体社会成员带来的总收益，在补偿改革给全体社会成员带来的总成本后，还有净收益。但也正如鲍莫尔分析指出的那样，这种"合意的、可容许的"改革标准，说到底是一个"集体效率的目标"，简单地说，是"总成本与总收益相抵后还有净收益"，而显然没有考虑"净收益在不同成员之间的分配问题"。这实际上意味着，在一项变革中，主要考虑的是社会价值最大化和社会财富最大化，这里可能包含着很大的收入分配不公。因此，卡尔多—希克斯标准是追求财富增长的改革标准。

符合"卡尔多—希克斯标准"，即能够增进生产力与全社会财富的改革，却往往是使得一部分人福利得到增进，一部分人福利受到相对损

---

① 所谓"卡尔多—希克斯标准"（Kaldor‐Hicksim‐Provement），就是由卡尔多1939年和希克斯1941年提出的转型标准。卡尔多认为，"……因为在所有这些情况下，仍然有可能使每一个人的状况都变得更好而没有使任何人的情况变得更坏。经济学家无须证明——实际上也无法证明——采取一项政策，结果社会上没有一个人会受到损失。为了说明这种可能性，他只需说明即使所有受损的人都得到了充分的补偿，社会上其他人的状况也比以前变得更好了"。希克斯认为，"一次生产的改组，如果使得A的情况变得更好一些，但却使B的情况变得糟一些，那么我们能不能说这意味着效率的增加呢？持怀疑态度的人声称，不可能客观地做出评价。一个人的满足不能加到另一个人的满足上。于是，我们只好说：从A的观点来看这是效率的增加，而从B的观点来看，却不是。事实上，可以通过一种简单的办法来克服这一缺点，一种完全客观的检验方法，它可以让我们把增加生产效率的生产改组和没有增加效率的生产区分开来，如果说A的境况由于某种变化而变得好些，以至于他的境况的改善能在补偿B的损失之后还有剩余，那么这种变化就肯定是有效率的"。希克斯：《消费者剩余的复兴》，1941年，第111页。

② 不同成员是否支持改革，又恰与改革净收益的分配状态相关。这方面，制度经济学提供了一个更为实用的标准，即"戴维斯—诺斯标准"：只有支持改革给他的预期收益超过他为支持改革可能付出的预期成本，此成员才会支持改革。但是，戴维斯与诺斯引入不确定性后又认为，由于制度变迁过程中不确定性太大，而社会各阶层成员有着相对于制度"现期消费"而言不同的贴现率，因此，社会中各阶层成员对于制度的"预期净收益"中"预期"的时间期限也不相同。基本结论是，低收入者贴现率较高，更选择倾向于当前报酬流量的安排。社会高收入者贴现率低，更看中时滞相对较长的"预期"。

失——不可能同时符合每个成员的"戴维斯—诺斯标准"。这个时候改革能否继续顺利推进，就取决于支持改革的利益阶层与反对改革的利益阶层之间博弈的结果。假定是在民主制度下，以简单多数票制（majority rule）决定一项改革决策是否被采纳，即使是符合"卡尔多—希克斯改进"的改革，仍然可能将因不符合多数人的"戴维斯—诺斯标准"而遭反对，致使集团的目标与结果出现偏差。个体社会成员组成利益集团，利益集团作用于公共政策的制定和执行，公共政策反过来约束集团和成员个体，社会进入下一轮调整。在这样一个动态调整的过程中，个体利益、集团利益和公共利益或此消彼长，或互利双赢，或连带共损，从而决定了转型的效率。也就是说，集团作用的结果并不天然地会增进效率，它也会使制度落入非效率的陷阱。而我们要做的是如何从俄罗斯的实践中总结出处理集团之间的利益分配矛盾、协调利益集团行动、更重要的是如何跳出非效率陷阱的经验，实现增进效率的目标。

转型最终必须通过公共政策的革新和改变来实现，利益集团作用于公共政策，就是在公共政策的制定和执行中进行交易并达成平衡。在研究俄罗斯利益集团时，引人注目的是利益集团通过作用于转型时期的公共政策促使制度发生质的变化，从而使得这一时期利益集团、公共政策与制度变迁的互动关系比较易于观察。从作用结果来看，一种是引起制度的微调，主体制度得以延续，利益集团也发生微调；另一种是引起制度的重大变迁，在此过程中，利益集团发生演化：利益目标调整、集团成员分化重组、作用方式改变等。

一　目标与结果一致性下的制度延续与利益集团微调

达到目标与结果一致性有三个条件：决策的一致性；执行的一致性；环境的一致性。在苏联计划经济时期，社会的基本结构是"两阶一层"即工人、农民两个阶级和知识分子阶层，在由工人农民自己的政党领导的国家内，各集团的目标是一致的。由于与生产资料的关系不同，"两阶一层"隐性地重组为管理者集团和劳动者集团。管理者集团又因为管理权限的大小不同分为中央管理者和地方管理者集团，及至斯大林时期登峰造极的总书记集权、特权官僚。无论是赫鲁晓夫改革还是勃列日涅夫改革，都只实现了对制度的修补而没有改变根本的计划经济体制，社会集团在原有的体制框架内也只能微调，如总书记的权力集中、放松、再集中，强力部门的权力边界逐渐收缩，地方利益集团的权力逐步扩大等。

**二　目标与结果不一致性下的制度转型与利益集团分化重组**

目标与结果的不一致性有三种情况：一是集团决策不一致；二是集团决策一致，但执行不一致；三是集团决策一致，执行一致，但决策运行环境变化。

戈尔巴乔夫时期的改革就属于第一种情况。在经济领域主张通过经济核算、承包、民主化经营等方式使农民成为土地的主人，调动农民的生产积极性，发展农业经济，主张改革工业管理机构和管理方法。中央与普通民众的目标是一致的，都为了经济增长和提高民众收入，但是，因为改革触动了官僚集团的既得利益而遭到消极抵制。普通民众因为迟迟无法感受到改革带来的利益增加，终于失去了耐性，渐渐倾向于"激进民主派"的观点，转型启动。

叶利钦时期在经济领域实行的"私有化"、"自由化"和"稳定化"的改革就属于第二种，改革在执行过程中被严重扭曲。"私有化"导致了对国有资产野蛮的掠夺，"自由化"导致了商品的严重短缺，"稳定化"被高额通胀代替：运行结果完全偏离了最初的目标。利益集团在此过程中也在发生大规模的分化组合，饱尝生活艰辛的普通民众逐渐放弃了"激进民主派"浪漫的不切实际的改革幻想，倾向于支持中左派的主张。同时，寡头迅速崛起，并成为最活跃的利益集团，民主制度演变为寡头政治。

长远来看，无论在哪一种情形下，如果一个集团过度掠夺另一个集团的利益，最终都会被习惯、传统和意识矫正，同时习惯、传统和意识也会获得新的内容。习惯、传统和意识既包括自由民主的政治观、诚实富裕的劳动观、公平公正的分配观等普适价值观[1]，也包括某一个国家、民族特殊的政治经济文化传统和性格特征。从这一点上来说，目标和结果严格一致。

---

① ［德］柯武钢、史漫飞：《制度经济学》，商务印书馆 2003 年版，第 83 页。绝大多数人都追求某些普适价值，如自由、争议、安全、和平和繁荣。这些都是普遍的压倒一切的偏好。大多数人将这些偏好置于优先地位，并使自己对其他事物的追求从属于他们。这些价值支撑着社会的结合。

# 第三章 苏联解体前的利益集团形成与 转型诉求累积：启动转型

## 第一节 计划经济体制确立与利益集团萌芽

### 一 计划经济体制确立与"两阶一层"的社会结构

在农民要求土地、民众生活困难、社会普遍厌战的背景下，列宁领导的布尔什维克党适时地提出了"和平、土地、面包"的口号，在工人、农民和士兵的支持下，取得了十月革命的胜利，建立了第一个工人阶级政党领导的国家，确立了公有制为主体的社会主义国家制度。在经历了"国内战争"的考验后，"战时共产主义政策"转向了受社会普遍欢迎的充满活力的"新经济政策"。斯大林上台后，放弃了新经济政策，在经济领域实行单一所有制：工业国有化和农村全盘集体化。

工业国有化实际上是国家对私有产权的剥夺，包括所有权、经营权和部分收益权。农民拥有除维持个体物理存在之外合理农业剩余的权力，这一权力在新经济政策时期被法律认可，在农业集体化推进的过程中被强行禁止，同一政权执行反差如此巨大的农业政策，严重损害了农民对苏维埃政府的信任。农业集体化剥夺了个体农民对土地和生产资料的所有权，农民在农村集体化条件下失去了土地和生产资料，失去了自主经营权，失去了劳动收益权，消灭富农政策使部分农民失去了政治选举权。私有产权转向国有产权，以执政党的会议要求作为法律依据，是无偿的，甚至是被迫的。

农业全盘集体化运动从一开始就遭到农民的强烈反抗，农民的反抗又引起了国家的镇压。据国家政治保安总局情报，1930 年 1 月 1 日到 4 月

15 日，发生起义 27 次，参加人数 2.5 万人，国家政治保安总局逮捕 14 万人。反抗农业全盘集体化和消灭富农运动的不仅仅是富农，还有中农和贫农，既有暗中的消极对抗，也有公开的激烈反抗，农民不仅反对农业全盘集体化和消灭富农等具体政策，也反对苏维埃政权本身。农民的反抗使苏联国内局势动荡不安，对苏维埃政权构成极大威胁，因此遭到了残酷的镇压。国家政治保安总局作为惩治机构在镇压中的作用不断增强。此外，还动用了警察和军队等武装力量镇压具有起义性质的群体暴动。1930 年，国家政治保安总局共镇压了大约 18 万人，是 1926 年的 75 倍。最终，在苏联境内，形成了单一的所有权制度。

生产资料公有制基础之上的计划经济体制的确立，使苏联社会简单化为"两阶一层"，即工人阶级、农民阶级和知识分子阶层。

## 二　计划经济体制的巩固与"两阶一层"向"两个集团"的转化

### （一）管理者集团的萌芽

虽然苏联的特权化问题在斯大林时期大肆蔓延，但在 20 世纪 20 年代初就出现了特权化的苗头①。

---

①　党员在经济生活方面的特殊化。党员干部的收入高于普通老百姓；党员干部可以获得物质和食品补贴；党员干部在休假、住房等方面享有特权。这样一来，新经济政策初期就迅速形成了党员，首先是党的机构工作人员获得物质和生活优惠和特权的体制。但中央认为，这个体制在某种程度上使执政党避开了"新经济政策的丑恶现象"（经济腐败、多拿多占、追求额外收入等），避免了对共产主义思想的侵蚀。

执政党党员在法律方面的特权。早在新经济政策初期，执政党党员，首先是担任领导职务的党员在法律方面的特权体制就逐步形成并不断完善。这个体制进一步巩固和强化了党的机构的等级制，它使党和苏维埃的官僚们逐步成为苏联社会的特殊阶层。党员在法律方面的特权有明文规定。1921 年 6 月 16 日俄共（布）中央发布通知规定，凡是涉及党员的案件必须经地方党委会批准后方可提交法院。1922 年，由莫洛托夫签署的俄共（布）中央秘密通知强调，任何党员犯罪首先要由党组织处理，只能在少数案件中逮捕共产党员。这就意味着，党的决定高于法院的判决，党委会同司法监察机关的关系是前者对后者下达指示。党委会和司法监察机关在追究党员法律责任问题上的相互关系是保密的。1923 年 1 月 9 日俄共（布）中央书记古比雪夫签署一份中央秘密通知，提出必须建立追究党员领导干部法律责任的案件审查委员会，有关党员领导干部的法律案件都由这个委员会而不是交由法院来审理。在国家面临严峻的经济和政治危机的战争时期，从俄共（布）将国家所有权力都集中在自己手中起始，随着党委会垂直机构和委任制的确立，到 20 世纪 20 年代新经济政策时期，俄共（布）领导干部的特殊化日益明显，同基层人民群众物质生活的差异越来越显著。参见孙凌齐《20 世纪 20 年代初俄共（布）党员干部的特殊化》，《当代世界与社会主义》2007 年第 3 期。

生产资料单一国有制和统一计划管理体制，使权力向部门集中，培育了"条条"管理阶层，并为这一阶层的壮大和权力扩张提供了基础条件。苏联工业国有化从 1917 年年底开始，经历了战时共产主义时期的严厉国有化、新经济政策条件下的放松和之后的全面国有化，于 20 年代末基本完成，使工业资本主义私有制转变为社会主义全民所有制。从 1928 年开始的工业化，孕育了一个新的阶层即"条条"管理者阶层，由于国家是一个虚拟的非人格化主体，那么，就只能由国家的代理者（官僚）通过指令性的方式来经营管理工业企业。中央经济管理部门直接控制企业的人财物和产供销大权，企业的厂长由中央委派，企业实行"一长制"，企业的财政收支要经中央批准，企业的年度、季度甚至月度计划要经中央审核批准，企业的物资供应、产品销售由中央统一划拨、调度。这种高度集中的部门管理体制下，工业部门越分越多，1930 年主管工业的中央机构只有最高国民经济委员会，1950 年，全联盟工业部已经发展为 19 个，包括石油、煤炭、造船、航空、机械等；联盟及共和国工业部 6 个，包括轻工业、渔业、肉类乳品类等。各个管理部门通过行政命令而不是经济手段管理企业。工业管理"条条专政"，孕育了一个"条条"管理者阶层，对该阶层掌握的企业经营管理权的监督虽然理论上有自上而下的行政监督和自下而上的工人监督，然而后一种监督是无效的。苏联在实行单一国有制改造和国有"条条管理"的进程中，消灭了一个私有者阶层，造就了一个管理者阶层。

斯大林时期计划经济体制的巩固，使得管理者集团内部不同级别的干部之间，出现明显的层次化。

早在列宁时期斯大林运用书记处掌握的分配干部的权力，创立了官僚等级名录制（HOMEHKЛATУPA）。设置了三类官职等级名录。第一类官职等级名录中大约有 3500 个最重要的领导职位，其中包括最高国民经济委员会各局首长，托拉斯、辛迪加的领导人，大工业企业领导人等；第二类官职等级名录，包括各部、局的副职以及其他相当职务；第三类官职等级名录，则是地方上的领导干部。之后，地方各级也规定了自己的官职等级名录。官职等级名录上的高级干部的激励来自福利待遇特权化和职位任命制。

斯大林在战后初期对这个高级阶层实行了特定工资制。1945 年 4 月，苏联政府规定，对在机关、企业、团体中担任重要职务、具有高深学识的和经验丰富的人实行特定工资制。后来这个特定工资额又有增加。苏共领导干部的物质待遇除了公开的级别工资外，斯大林时期还出现了"钱袋"制（有称"红包"制）。所谓"钱袋"，即领导人员的工资附加款。这个附加款可以从几百卢布（当时的货币）到几千卢布，取决于职位的高低①。

由于官职等级名录包括最重要的岗位和职务，这些职务的候选人都是由中央委员会事先审查和批准的，解除职务也要经过中央委员会的同意，而中央委员会的权力又集中在书记处，官员实际上是由书记处委派产生。苏联干部制度中的这种委任制和变相委任制，造成了广泛的任人唯亲和结党营私现象，促成了一个官官相护、错综复杂的关系网，这使得特权现象已经带有组织性。他们作为一种统治集团实体，已经具有自己独立的利益，这种独立的利益又通过培养和指定接班人的方式自我延续，阻塞了普通民众向上流动的通道。官僚特权阶层形成的根源之一，就是由于这些人主要是由任命走马上任，而非由真正的选举进入仕途，对官员的监督约束由直接向斯大林负责的国家政治保卫局来完成。官员任命体制和监督约束机制决定了官僚唯上的行为目标模式，"官僚特权阶层"在斯大林时期已具雏形。

在生产资料所有权不变的前提下，对生产资料的使用关系不同，社会分为管理者集团和劳动者集团。

（二）总书记集权

早在列宁时期，布尔什维克党逐渐同其他形形色色的政党分道扬镳，最后确立了一党执政的局面，以执政党为中心建立了政权结构。随着布尔什维克党在政权地位中的变化，党的最高领导机构也在改变。1919 年 3 月，俄共（布）八大正式决定在中央委员会内设立政治局、组织局和书

---

① 一个部长当时除工资外可得到两万多卢布，相当于 1960 年改革后的 2000 新卢布（约合 3500 美元），相当于苏联总统戈尔巴乔夫月工资的两倍，戈尔巴乔夫时代人均国内生产总值为 6800 美元，斯大林时代仅为 700 美元，可见，斯大林时期的干部与普通百姓之间的收入会是一个多么惊人的对比。一位中央某工业部部长及其家庭在生活上所享受的特殊待遇，大约比教授的薪水高 6 — 7 倍，比工程师、医生、熟练工人的工资高 20 — 25 倍。参见 ［俄］格·阿·阿尔巴托夫《苏联政治内幕——知情者的见证》，新华出版社 1998 年版，第 98 页。

记处。在 1922 年 4 月俄共（布）十一大一中全会上，书记处负责人改称总书记，斯大林当选。总书记必须既是政治局委员，又是组织局委员，在党中央的三个领导机构中，唯有总书记是身兼三职，中央书记处又得到了加强。这为以后斯大林时期的个人集权、个人崇拜埋下了隐患。

斯大林从四个方面着手，实现个人集权：行政委任制；思想禁锢；削弱监察机构；控制强力部门。

防止权力滥用，没有比权力监督更有效的了。苏维埃国家建立之初，就明确规定"全俄工农兵苏维埃及其常设机构中央执行委员会对人民委员会有监督和撤换权"。这时监督权高于行政权，形成对行政权的有效制约。1918 年年初苏俄逐渐成为一党制国家，此时对政党的监督比此前更加重要。1918 年 5 月成立了国家监察人民委员部，对国家机关的工作进行监督检查。在 1920 年 1 月的政治局会议上，决定将监察人民委员部改组为工农检查院。2 月，工农检察院正式成立，这被视为党外监察机构，工农检察院的领导人是俄共（布）党员斯大林。1920 年 9 月召开的俄共（布）第九次全国代表会议提出建立新的党内监察机构，即中央监察委员会。1921 年 3 月召开的俄共（布）第十次代表大会明确规定："监察委员会和党委员会平行地行使职权，并向本级代表会议和代表大会报告工作。"监察委员会属于俄共（布）党内的监督机构，其功能是从政党内部实现对政党自身的监督。这样，列宁时期建立了党内外两个监察机构，监察委员会和工农检察院内外配合，形成了完善的苏维埃国家的监督制约机制。由于工农检察院不仅没有起到监督检查的作用，而且在这个机关里本身就出现了官僚主义盛行的大问题。因此，列宁提出对工农检察院进行改组。而对于监察委员会的工作，俄共（布）第十一次代表大会给予了肯定。1923 年 4 月召开的俄共（布）第十二次代表大会不完整地执行了列宁的建议，对监察机构进行了改组，将监察委员会和工农检察院联合为中央监察委员会，使其成为统一的党和苏维埃的监察机构。但同时也对监察委员会的任务进行了修改，中央监察委员会由原来权力监督机关演变成了贯彻路线的"保证"机关，中央监察委员会将不再是与中央委员会平行的机关了。这就使监察机构的性质发生了根本的变化，成为监察机构地位一路下滑的转折点。

十月革命之后，政治领域解散议会，由多党合作逐渐变成一党专政，

"立行合一"（立法和行政同一）；行政权力由组织局、政治局和书记处各司其职，平等协作变成总书记独大，权力监督机构的监督职能逐渐减弱。权力的竞争性可以有效防止独裁和专制，是政治体制活力的源泉。如何确保权力的竞争性呢？民主制度奉行的选举制、任期制，其实也就是对权力的授予、使用设置边界，并使其具有可替代性。与此相对应，任命制、职务终身制，权力丧失竞争性，失去约束的强势权力必然走向集中和专制。在多党制变成一党制之后，掌握了党的权力也就掌握了政府权力，身处总书记高位的斯大林很自然地扩张权力，行政权和立法权，从法律上将已拥有的权力固化为权利，使其具有稳定性。

　　思想禁锢。在民主决策中党内必然会出现不同的思想派别，1921 年俄共（布）十大作出决定：今后党内仍然保留民主自由，具有不同的观点意见仍然可以发表争论，但是反对搞有组织的派别活动。1924 年列宁去世以后，斯大林却利用十大反对派别活动的决议，不断地清除反对派。20 年代，斯大林开展了三场党内斗争，清除了三个反对派：1923—1926 年，开展了对托洛茨基的斗争；1925—1927 年，开展了对托洛茨基、季诺维也夫、加米涅夫等所谓"新反对派"的斗争；1928—1929 年，展开了对布哈林、李可夫的"反右倾斗争"斗争。斯大林把这三个反对派一律清除出党，开除党籍，并且还在肉体上加以消灭。清除、消灭异己也在党内清除、消灭了民主。然而，不切实际的发展思路导致的严重后果引起了思想波动和反抗。仅 1930 年 1—3 月全苏联发生了 2200 多起骚乱，大约有 80 万人参加。为了进一步控制思想，1934 年斯大林以至今仍迷雾重重的基洛夫暗杀事件为导火索，发动了骇人听闻的"大清洗"。"大清洗"涉及各个阶层的人，既包括原反对派领导人及其成员，也包括苏联党、政、军的高层领导人，广大干部队伍与人民群众，凡是不服从斯大林意志的就被冠以"人民的敌人"罪名加以镇压。据苏联学者估计，1936—1939 年间，被镇压的人数达到 100 万之众。使用国家机器进行的残酷大清洗，使政治上出现了总书记集权、思想上形成了"万马齐喑"的紧张氛围。自然，也就出现了之后的个人崇拜。

　　削弱监察机构权力。1939 年 1 月召开的十八大规定，党的监察委员会由中央委员会全体会议选举产生，并在中央委员会的领导下进行工作。这样，监察委员会的地位已经明显低于中央委员会，成为中央委员会的下级机构，它对中央委员会的监督就已经成了下级对上级的监督，监督委员会彻底失去了独立性。失去监督和约束的斯大林不仅是党的化身，而且成了国家的代表。1936 年苏联通过新宪法时，党的总书记斯大林担任宪法修改委员会主席并在大会上作了关于修改宪法的报告，这部宪法也被称为"斯大林宪法"。1952 年，苏共十九大决定把政治局改组为党中央"主席团"，同时撤销组织局，把党中央的日常组织工作集中交给书记处处理，公开废除了早已名存实亡的政治局和组织局。

控制和扩大使用强力部门。任何政权为维护自己的有效统治，都需要一定的政治保卫机关，苏维埃也不例外。1917 年 12 月，建立了一个全俄肃反委员会，这个机构按俄文第一个字母拼写为"契卡"（Всероссийская чрезвычайная комиссия по борьбе с контрреволюцией и саботажем），其主要职能就是肃清反革命和怠工现象。契卡成立之初，权力并不如后来那么广泛。随着战争形势的恶化，契卡的权力逐渐扩大。表现在：人员的大幅增加。契卡指挥的特种部队由 1918 年的 750 人增加到 1920 年的 68322 人；权限的扩大。契卡集侦查、审讯、处决权于一身；活动的领域扩大。契卡有权在各个领域展开活动包括红军部队，其活动直接向当时人民委员会、国防委员会主席列宁和党中央组织局主席斯大林负责。契卡权限的扩张只是战争时期的权宜之计。1921 年国内战争结束后，政治局通过了决议，缩小契卡的权限，规定一切审讯、判决必须通过国家法院。1922 年 2 月 改 名 为 国 家 政 治 保 卫 局 （"格 伯 乌" Государственное бюро политической безопасности），隶属内务部。1953 年 以 后 又 称 为 "克 格 勃"（Комитет Государственной Безопасности）。政治保卫局应该归政府人民委员会管辖，但是自从斯大林当上总书记以后，就着手直接控制这个机构。不仅改变了原先的授权模式，不再由中央委员会、组织局授权而是由斯大林直接任命，而且采用大幅提高国家安全机关物质待遇的方式提供选择性激励。这样，斯大林通过越位授权和有效使用选择性激励，直接掌握政治保卫局，政治保卫局的功能也明显地带有了个人偏好，由原来反对反革命的机构转变为斯大林党内斗争的工具。国家政治保卫局积极参与了 1928—1930 年的第一次肃反，主要对象是资产阶级知识分子、反对工业国有化和农村集体化的人。1934 年改组为全苏内务人民委员部，以基洛夫被害一案为起点开始了第二次肃反，联共中央 1936 年授予全苏内务人民委员部为期一年的全权以消灭"人民的敌人"，这项权力在 1937 年之后被无期限延长。全苏内务人民委员部权限迅速扩大，可以独立审讯、判决。规模迅速扩张，兼管民兵、边防和内务部队、劳动改造营和消防队。内务人民委员部拥有自己的师团、几十万警卫干部和几万被授予各种军衔的军官。在机构设置上，内务人民委员部建立了不受党政军约束，只对斯大林负责、自成系统的情报网络，遍布全国大中城市和车站、码头、机关、学校等公共场所，监听、监视所有组织和个人，并且在干部的委任选拔方面发挥关键作用。这样的国家安全机关侵占了国家其他机构的合法行政权利、践踏了公民个人的自由权利。

　　制度的形成是权力各方角逐的结果，斯大林时期全部组织权力归于一人的政治体制的形成也不例外。选举权的忽视、监督权的错位、强力机构的过度使用，是直接的、显性的原因，隐藏在这些因素背后的还有意识的作用，那就是俄罗斯历史悠久的威权政治传统。换句话说，总书记高度集权是计划经济体制与威权政治传统共同作用形成的。

　　（三）狭隘的民族政策与地方利益集团

　　国内战争结束后，先后建立了 8 个自治共和国、11 个自治省和 2 个劳动公社。除此之外，在俄罗斯联邦境内，还有并列的独立苏维埃共和国：乌克兰苏维埃共和国、白俄罗斯苏维埃共和国和一个松散的南高加索联邦。这些共和国在行政上各有完整的政权建制——苏维埃代表大会、中央执行委员会和人民委员会，与俄罗斯联邦以双边条约形式维持稳定，在政治上是完全平等的关系。

　　在卫国战争期间和农业全盘集体化时期，苏联当局对地方共和国和少数民族实行的不公正、非人道的民族政策践踏了民族权利，对民族关系造成了无法弥合的伤害。另外，高度集权的政治经济体制剥夺了加盟共和国的权力。

　　首先，各共和国丧失了经济自主权。苏联政府强制推行农业集体化，实行优先发展重工业的战略，各加盟共和国的生产活动也都必须服务于这一战略。为此，各共和国必须绝对听命于联盟中央的经济指令。中央政府控制了共和国的绝大多数企业和资产，使其根本无法因地制宜地安排生产、发展当地的优势产业。在"区域分工"的政策下，各加盟共和国自身的发展特点和利益要求被忽视，其结果是造成许多地区的经济结构单一化、地方经济门类不齐全、生产布局不合理，从而导致经济发展滞后，人民生活水平提高缓慢。在"拉平"政策之下，联盟中央通过对财政收入的不合理分配，试图促使共和国之间的经济发展水平和人民生活水平不断接近。但事与愿违。一方面，经济比较发达的共和国感到自身的发展受到了欠发达地区的拖累，因而影响其对发展经济的积极性；另一方面，则滋长了欠发达地区的依赖心理。结果必然是加深经济发达地区与欠发达地区之间的矛盾。

其次，在政治权力上，违背了苏维埃"民族自治"的原则。苏联成立时，选择的是联邦制的国家结构形式，但在实践中，联邦制逐渐演变成了单一制。1924 年苏联宪法规定，联盟中央在全苏行使外交、国防、对外贸易、交通和邮电方面的权力，批准全苏国家预算，统一货币制度，信贷制度，税收制度，制定全苏其他各种立法原则；加盟共和国独立行使经济、财政、内务、司法、文化教育、卫生和社会保障、检查监督和民族事务等方面的权力。斯大林执政后苏联历史发展的具体史实是，苏联政府只是以形式主义的方式满足法律上的"主权平等"，实践上人为地逐渐削弱以致取消各加盟共和国的主权。根据苏联 1936 年宪法的规定，原来属于加盟共和国的一些立法、司法、行政及文化方面的权力被收归中央。在这种体制下，中央往往过分强调全苏统一的国家利益，轻视各民族地区的特殊利益，各加盟共和国在政治、经济和文化建设等方面只能严格按照联盟中央的指令行事，没有任何自主权。随着苏联高度集权的政治体制的形成和联邦制国家体制的严重变形，各加盟共和国所享有的主权地位和主权范围呈现逐渐缩小和削弱的趋势，各加盟共和国在宪法上所享有的政治主权、法律主权、经济主权、文化主权逐渐向联盟中央政府集中。最终联盟主权取代了各加盟共和国主权，中央集权的单一制取代了分权制的联邦制。苏联政府在理论上宣传要严格遵守列宁的民族平等原则，尊重各民族的民族自决权，而在实践上又坚持民族问题必须服从无产阶级革命利益的原则，在这种双重价值标准基础上制定的民族政策，必然导致苏联联邦制在理论上与实践上的脱节。背离联邦制，实行中央高度集权，加深了各共和国与联邦中央之间的矛盾。

三 小结

斯大林时期，高度集权的总书记、掌握生产资料管理权的管理者集团、凭借自身劳动力参与生产的劳动者集团以及高度中央集权下弱权的共和国集团，是苏联社会的几个主要利益集团。其中，总书记占据强势地位，管理者集团次之。管理者集团虽然享有特权，但是因为强力机构无所不在的监视，该集团并未出现有意识的统一行动，从这个意义上说，管理者集团只是处于萌芽状态。苏联建国之初，输入的是生产资料公有制、工人和农民是国家的主人、政治民主、人身自由、思想开放，各民族一律平等。斯大林时期输出的是：总书记集权和严重的个人崇拜、一党专政、管理集团的萌芽、思想禁锢、人身监视和大民族沙文主义。目标与结果不一致，如何修正，是赫鲁晓夫必须面对的问题。

# 第二节　利益集团初步形成与转型诉求累积

## 一　赫鲁晓夫改革与利益集团波动

### （一）打破个人崇拜

对个人崇拜的批判，打破了思想禁锢，为赫鲁晓夫时期的改革奠定了坚实的意识基础。从1953年苏共中央七月全会开始，到1956年二十大、1961年二十二大，苏共公开、持久地批判了个人崇拜。1953年6月10日《真理报》发表题为《共产党是苏联人民的指导力量和领导力量》的文章，指出个人崇拜是"反马克思主义观点"，强调党和国家领导的集体性是"最高原则"。1953年苏共中央全会标志批判个人崇拜正式开始，七月全会之后，直到苏共二十大前，苏联报刊连续不断地发表文章，批判个人崇拜，批判教条主义作风，随着批判个人崇拜的展开，斯大林时期的问题，特别是破坏法制的问题暴露的越来越多，到苏共二十二大发展到顶峰。

批判个人崇拜解放了人的思想，人们开始独立思考，为苏联后来调整政策和改革政治经济提供了前提条件，对苏联社会主义的发展具有深远的历史意义。政策的调整和体制改革，正是随着批判个人崇拜的逐步开展而不断进行的。批判个人崇拜开展得越深入，调整和改革也进行得越广泛。批判个人崇拜后，苏联便在经济、政治方面出现了一系列新的变化，诸如提出加速发展消费品工业的方针，强调物质利益原则，改组工业和建筑业的管理体制，改变农业计划制度，开始大规模垦荒，加强集体领导，定期召开党中央全会和主席团会议，改组国家安全机关，健全法制，建立干部更新制度，加强人民监督，改组边疆区和州的党组织，扩大加盟共和国的地方权限。对个人崇拜的批判，解放了思想，不仅使苏共重新获得了受广大人民认可的可持续的文化权力，而且为经济政治改革做了必不可少的铺垫。不进行个人崇拜的批判，改革无从谈起。

（二）经济改革与普通民众集团权力变化

农村经济改革。斯大林时期实行的农村全盘集体化，全面剥夺农村剩余，农村居民既没有经营之主权，也没有收益支配权，农业发展缓慢，1953 年的粮食产量还未达到沙俄时期 1913 年的水平，农业长期落后已严重影响国民经济的全面发展和人民生活水平的提高。长期管理农业的赫鲁晓夫对此有清醒的认识，认为苏联农业发展的速度明显落后于工业发展和居民对消费品需求增长的速度。他分析了苏联农业发展落后的原因：农业生产违反了物质利益原则，由于缺少物质刺激，农民对生产的成果漠不关心；集体农庄内除主要的公有经济外，每一个集体农民都有权保留小规模的经济作为私有财产，发展副业；农业对拖拉机站技术设备的利用不充分；农庄管理工作存在严重问题，劳动组织工作差，劳动纪律松弛。1953年，赫鲁晓夫上台并进行了一系列有条件放开经营自主权和收益权的改革。突出成就之一是取消义务交售制，提高农产品收购价，把工农关系、城乡关系从"贡税"关系的轨道重新拉回到物质利益的经济轨道上来。在坚持集体农庄和集体所有制的范围内，重新提出价值规律的调节作用，引进某些市场原则，调整国家、集体、个人三者之间的关系。赫鲁晓夫的农业改革措施主要有：改变农业的计划管理体制，和农业生产组织形式，撤销拖拉机站，合并集体农庄，发展国营农场，使集体农庄享有较多的经营自主权；改革农产品采购制度，取消义务交售制，实行收购制，取消多种价格结构，实行统一收购价格，提高农产品收购价格，增加农民的实际收入；大幅度削减自留地的物产税，对个人副业采取有限制的鼓励政策；改革劳动报酬制度，贯彻物质鼓励原则，提高农民的生产积极性；探索基层劳动组织形式，推行小组包工奖励制；增加农业投资，大规模垦荒，增加粮食产量。

这些措施取得了一定成效。农业计划权力下移，国家计划委员会只负责农业发展的远景规划和协调平衡工作。由各区执行委员会下达计划任务，由集体农庄和农庄庄员根据需要自行确定各种作物的播种面积，以及畜牧业的产品率和各种牲畜的数量。而农业计划制度的改革，改变了多年来由中央到地方自上而下的硬性指标的规定，使集体农庄有了较多的生产经营自主权，调动了农业生产的积极性。义务交售制的废除把市场和商业关系引入苏联的农业发展机制中来，使苏联的工农关系、城乡关系从原来的"贡税"关系回到了商品经济关系，扩大了农民的收益权，使集体农庄庄员的收入明显增加，得到实惠。1953—1958 年，苏联的农业由于大规模开荒运动取得了全面成功，粮食大幅度增产，原有土地的产量也大大超过 1953 年的水平。农业改革，在一定程度上改变了苏联农业十分落后的局面。

表 3 - 1　　　　　　　　**1953—1958 年苏联的粮食产量**

单位：百万吨

| 年份 | 总产量 | 生荒地的产量 | 其他地区的产量 |
|------|--------|--------------|----------------|
| 1953 | 82.5 | 26.9 | 55.6 |
| 1954 | 85.6 | 37.3 | 48.3 |
| 1955 | 106.8 | 27.7 | 29.1 |
| 1956 | 127.6 | 63.3 | 64.3 |
| 1957 | 105.0 | 38.1 | 66.9 |
| 1958 | 141.2 | 58.4 | 82.8 |

然而，赫鲁晓夫时期的农业改革措施，解决了体制反映出来的表面问题，对违背农村公地私种传统的农业集体化体制未做根本的改革，农民个体经营自主权和劳动剩余处置权仍然被剥夺，失去劳动自主权与劳动报酬处置权的农民组成的集体农庄效率低下的局面也仍然没有改变。

工业管理体制改革。赫鲁晓夫对工业管理体制也开展了一些改革。主要是，将部门管理体制为主，改为地区管理体制为主；撤销、合并联盟中央和加盟共和国一级所属的部；在全国范围划分经济管理行政区，扩大地方管理工业、建筑业的权限。20 世纪 60 年代初，赫鲁晓夫推动"利别尔曼建议"的大讨论，倡导物质刺激原则，这场讨论对传统的经济理论和体制有一定的冲击。从总体上看,赫鲁晓夫时期的工业改革成效不大,仅仅是停留在"条条"还是"块块"的取舍和权力分割上。企业仍然是全部国家所有,经营管理也仍然是计划管理,因此计划经济下的物质刺激并没有带来生产的扩张和产品供给的增加,与人民生活息息相关的轻工业仍然处于短缺状态,苏联人民仍备受各种物资匮乏的"短缺经济"之苦。

(三)组织改革与官僚集团阻击

政治组织改革。恢复和健全法制,将权力纳入法制轨道。赫鲁晓夫在政治体制改革过程中深刻认识到了苏联法律制度已经遭到严重破坏,权力实际上偏离法治运行,不仅权力的授予违法,而且权力的使用也是违法的。针对这种情况,赫鲁晓夫采取了一系列措施,如平反冤假错案,整顿改组国家安全机关,从而在一定程度上健全了司法制度、完善了立法。赫鲁晓夫的法制改革,使得苏共的执政重新回到了法制的轨道,有利于苏共在法制的框架内改进执政方式,提高执政能力。

赫鲁晓夫进行了大规模平反工作,严格限制内务机构的职权,规范强力机构的权力,恢复法制的威严。1956—1957年,有700万—800万被无辜关押和劳动改教的人被释放回家,500万—600万人被死后恢复名誉。据1957年5月苏联副总检察长库德里雅采夫称,自斯大林逝世以后,在押犯人已有70%以上被释放,西伯利亚的劳改营已有2/3被解散。斯大林逝世后,严格限制内务机构的职权,撤销了内务部直属的"特别会议",取消了其对案件进行侦察和审理的"特别程序",对国家安全机构进行调整,大大降低和限制其地位和职权,结束了内务机构凌驾于党和国家之上的不正常局面。赫鲁晓夫在苏共二十大上强调要"加强苏维埃法制",批评在苏维埃活动中有"直接违背"苏联宪法的现象。

健全司法制度,完善立法,从源头上确保权力的法制化约束。赫鲁晓夫力图建立一个比较完整的法律体系,他加强了司法制度,恢复了检察机关的职权,提高了审判机关的作用,重建了律师制度。同时,他还修改了一系列过时法令,颁布了一系列新的立法纲要,如《刑事立法纲要》、《法院组织立法纲要》,等等。

首先,加强司法公正。公正是一切法制建设的前提,同时也是一个政党执政合法的基础之一。

其次,取消特权。特权是一个政党执政能力的销蚀剂,特权的产生必然伴随着腐败的滋长。特权的消除，往往同法制的健全和完善是同一个过程。

再次，加强监督。监督是法治得以顺利进行的有力保障，也同样是一个政党在法制框架内执政能力得以提高的重要条件。

最后，在权力使用环节，加强组织监督和群众监督。

赫鲁晓夫认为："必须特别重视正确地组织监督工作。"为此，赫鲁晓夫对党和政府的监督机构和监督职能进行了一系列改革。1957年他提出要改组国家监察机构，原来按部门建立和开展工作的监察机关现在要把监察工作集中到地方，按经济行政区来进行；原来依靠监察机关编制人员进行的监督工作，现在要吸收广大群众参加。

1959年6月，赫鲁晓夫在苏共中央全会上强调实行群众监督。他认为，公众对党和政府指令执行情况的监督有着巨大意义，为此，苏共中央作出在企业党组织中建立监督委员会的决定。到60年代，成立了苏联党和国家监察委员会和地方相应机构，并赋予他们广泛的权力。在赫鲁晓夫等人看来，"把党和国家的监察结合起来，建立统一的无所不包的、进行经常监察的，并有广大共产党员群众和全体劳动人民参加的体系，这是列宁主义思想，这一思想是在全国建立监察系统根本组织的基础。"国家监察委员会"不仅应当从事检查和惩治工作，而且主要在于防止发生错误和可能发生种种滥用职权的情况"。

行政组织改革。赫鲁晓夫时期主要是通过逐步恢复党内民主，以选举制、任期制和消减特权制替代任命制、终身制和特权制，进行权力授予的改革。

赫鲁晓夫提出了集体领导原则，来对冲斯大林时期形成的个人崇拜。在整个体制结构不变的情况下，赫鲁晓夫着重强调实行集体领导的原则，反对突出个人，对中央领导机构进行了几次调整。在这方面，最重要的措施有三项。首先，把党政最高职务分开。苏共中央第一书记由赫鲁晓夫担任，政府首脑先由马林科夫，后由布尔加宁担任。其次，苏共中央主席团（即政治局）实行集体领导原则，定期举行会议，重大问题由集体讨论决定。最后，定期召开党的代表大会，充分发挥中央全会的作用，党和国家的重大问题以及主席团内部的分歧均通过代表大会和中央全会讨论决定。1956—1964年，苏共召开了3次党代表大会、34次中央全会。苏共中央主席团每周至少开会一次，讨论"有关党和国家生活的一切重大问题"。

赫鲁晓夫除了撤并调整一些党政机关的设置外，最突出的表现是在1961 年的苏共二十二大上提出并通过建立"干部任期制"和"干部轮换制"的决定。从 20 年代起。苏共实行了一种名为"官职等级名录"的干部管理制度。名录包括在党和国家机关、社会团体中担任重要职务的领导干部的官员名册，并由各级党委提出预先审查、选拔、推荐和准备任命的候选人。名录制的实质是赋予党的领导机关自上而下全面控制党、国家和社会团体中所有重要职务及任职干部的权力，对各级干部进行预先审查、选拔推荐和批准任命，这样，任命制就成为苏共干部制度的核心，领袖（包括一些高级领导干部）的职务终身制也在实际上流行起来。赫鲁晓夫看到了名录制的弊病，他试图做一些改变，并将其写入党章，规定实行选举，每次中央委员会及主席团成员至少更换 1/3，主席团委员最多只能连续三届当选；加盟共和国党中央、边疆区委、州委的委员每次选举时至少更换 1/3，党的专区委、市委、区委、基层党组织的成员每次至少更换1/2。这项措施抓住了行政组织体制改革的核心，但触犯了相当一批干部尤其是高级干部的既得利益，受到不少人的抵制和反对，波及面过大而没有强有力的执行层，因此贯彻起来十分困难，成为赫鲁晓夫下台的重要原因之一。

地方和中央权力改革。权力过于分散，容易导致中央和地方的权力冲突，从而诋毁了中央特有的权威，危害中央政府统一的行政管理，从而极大地降低了一个政党的执政能力。权力也不能过于集中，权力过于集中容易导致个人专权或个人专政。动态平衡中央和地方的权力是执政能力的重要内容。赫鲁晓夫针对斯大林时期中央同苏维埃的紧张关系，提出了向苏维埃和社会团体分散权力的改革措施，以缓解地方同中央的矛盾、社会和执政党的矛盾。

地方苏维埃的权限逐步扩大与扩大加盟共和国地方权限的总趋势密切相关。赫鲁晓夫在批评个人崇拜的同时，对苏维埃体制中存在的弊病进行了分析和揭露，赫鲁晓夫强调："我们必须大力发展苏维埃民主，消除一切阻碍它全面发展的东西。"并在改进苏维埃工作、扩大地方苏维埃权限、完善苏维埃内部结构等方面，采取了一系列实际措施。

1957 年 1 月，苏共中央《关于改进劳动者代表苏维埃的工作和加强它们同群众的联系》的决议要求各加盟共和国党的和苏维埃的机关"采取实际措施扩大地方苏维埃的权力，首先是扩大它们在编制国民经济计划，编制地方工业和合作社工业企业的产品生产和产品分配计划方面的权力，以及在组织住宅建设、文化福利机关的建设，道路建设，发展建筑材料和燃料的生产和解决财政预算问题等方面的权力"。

1957 年 2 月，苏联的工业和建筑业的改组，把国民经济管理的重心转到地方，同时扩大了地方苏维埃及其执行机关的权限。

1961 年通过的《苏共纲领》指出："地方劳动者代表苏维埃的权力将扩大。它们将最终地解决一切地方性的问题，应该越来越多把地方苏维埃执行机关的局、处主管的问题逐步交给这些苏维埃的常设委员会解决。"

1977 年《宪法》又规定：地方苏维埃不仅解决地方性问题，而且在自己权力范围内监督和协调本地区所有单位的活动，即有权监督境内属于上级的企业、机构和组织遵守法律的状况，协调和监督它们在土地使用、环境保护、建筑、劳动资源的使用、消费品生产及对居民的社会文化服务、生活服务和其他服务方面的活动。

据统计，在赫鲁晓夫时期，除党代表大会、代表会议的决议外，苏联各加盟共和国通过了 40 多个关于州、市、区、村和镇苏维埃的条例，规定地方苏维埃在计划制度、财政预算、工农商业、公用事业、国民教育、文化教育、社会保险及社会秩序方面的权力。

提高社会团体的地位和作用，分散权力，缓解权力过于集中的状况。赫鲁晓夫时期的社会团体的地位和作用比过去有了很大提高。他首先提出"国家职能转交"论。1959 年 1 月，苏共提出"把国家机关的某些职能转交给社会团体"的口号，1961 年在提出"全民国家"的同时，强调"继续执行把越来越多的国家职能交给社会团体的方针"；提出"应当使社会团体更广泛地参加对文化机关、社会保障机关的管理工作"的同时扩大社会团体"在加强社会秩序方面的活动"。

扩大社会团体的权限。苏共纲领规定：扩大社会团体立法活动的范围，把立法提案权"交给工会、共青团和其他群众性的社会团体"。以工会为例，1957 年 12 月，苏共中央全会通过《关于苏联工会工作》的决议，扩大了工会的权力和职能。规定有关劳动和工资方面的最重要问题，要由国家劳动工资委员会和全苏工会中央理事会主席团"共同作出决定"，上级机关在审查企业年度计划时"必须有相应的工会委员会和理事会的代表参加。"

（四）改革失败原因分析：计划经济体制和官僚集团的阻挠

赫鲁晓夫以批判斯大林个人崇拜的思想解放为核心，在思想文化、经济、政治等领域都进行改革。为推动经济发展和改善人民生活而采取的一系列措施，在一定程度上改善了人民生活，一段时间内提高了工人农民的生产积极性。赫鲁晓夫在干部选举制和任期制上的改革打破了干部的长期任职制，对原来的干部指派制、任命制是巨大的冲击；党和国家监察制度的改革则加强了对干部工作的监督。

然而，赫鲁晓夫的改革最终以失败而告终。1964年10月，在苏共中央主席团会议和中央委员会会议上，赫鲁晓夫被解除苏共中央第一书记、部长会议主席和中央委员职务。导致改革失败的原因是多方面的，其中主要的是，改革没有培育坚定的支持者，却有越来越多的反对者。从权力的角度来看，在经济权力方面，中央向农民和企业的放权没有使农民和企业获得稳定持久的收益。例如改革伊始，赫鲁晓夫采取扶植和鼓励个人副业生产的政策，取得了较好的效果。但在农业生产情况好转以后，他又认为职工拥有私有牲畜会影响公有制经济，于是对个人副业逐步采取限制的政策，引起了农民的不满。不彻底的放权使改革丧失了坚实的底层群众基础。政治权力改革方面，如果说权力从条条向块块的转移，削弱了条条的权力而加强了块块的权力，从而培植了改革的中层力量，那么当改革遭到了"条条"的阻碍，权力从"块块"重新转向"条条"时，"条条"和"块块"的利益均呈现不确定性，改革不仅失去了"条条"的支持，连"块块"的支持也失去了，改革的中间阶层出现空洞化。此外，赫鲁晓夫还采取了许多削减干部特权的措施，如减少干部享用的疗养院网点，压缩并严格规定了配备公家汽车的干部人数等。监察制度的改革广泛吸收群众参加到监督工作之中，使官僚特权者的行为受到了很大的限制。这样，不仅在权力的授予上而且在权力的使用上，赫鲁晓夫的改革措施使原来享受特殊利益的官僚特权的利益受到损害。"区级以上的领导层一片恐慌。岂止是出现了一批不满者，简直是形成了一个非同小可的渴望采取积极行动的反对派。"另外，赫鲁晓夫时期的改革根本上是一场自上而下的改革，上层改革意愿和思路的一致性非常重要，大的方面来讲，赫鲁晓夫将党分裂为工业党和农业党，破坏了党的统一，人为地割裂了工业和农业的联系，造成机构臃肿，遭到了部分高层的反对。小的方面而言，选举制和任期制的实行，打破了任命制和终身制，多数中央委员在赫鲁晓夫改革中自身利益受到损害，从批判个人崇拜的支持者变成了深化行政组织权力改革的反对者。经济权力下放的不彻底，组织权力授权的反复，致使从上至下，赫鲁晓夫的改革没有确定的受益者和支持者，却有确定的受损者和坚定的反对者。

但是，值得一提的是，在赫鲁晓夫执政时期，批判个人崇拜的思想解放运动和赫鲁晓夫不断出台改革措施造成的热烈形势，使得当时二三十岁的年轻人的价值观念深受影响，他们不再迷信斯大林体制，具有反思精神和强烈的改革愿望。这一代被称为"60年代的人"，对后来苏联的改革发展方向产生了重要的历史性的作用。这一时期的输入变量是：打破思想禁锢、经济激励、削弱官僚特权、联邦向地方适当放权，由于没有根本改变计划经济体制以及官僚集团的抵制，输出的仍然是经济低效、政治集权。

## 二　勃列日涅夫改革与利益集团诉求集聚

### （一）思想意识去改革化

赫鲁晓夫时期以批判个人崇拜为起点，打破思想禁锢，启动改革思维，苏共正在动态中重新获得实质上的文化权力，毕竟民主、自由是人类最本真的追求。这一过程随着赫鲁晓夫的下台很快被中断。勃列日涅夫时期求稳怕变，无视国家个人利益、不切实际的教条主义和自欺欺人的形式主义表明喧闹背后苏共文化权力的衰落，为西方民主价值观的输入留下了可乘之机。与工业全部国有化、农业全盘集体化、权力高度集中于国家模式相适应的是"国家利益论"。赫鲁晓夫的改革倡导有限的个人利益，开启了国家、集体和个人利益的多元化思维。勃列日涅夫完全无视这一现实，力图重新收归于单一国家利益观，并且不惜采取公开压制甚至刑法的手段，引起了普遍的反感。

1967年11月，勃列日涅夫在庆祝苏联成立50周年的纪念大会上提出了"发达社会主义的理论"，明确宣布："在我国建成的发达的社会主义社会，是各尽所能、按劳付酬的原则占统治地位的社会。"此后，在1970年列宁诞辰100周年纪念大会和二十四大上，发达社会主义理论被一再重申，甚至还把"苏联已建成发达社会主义"的内容写入1977年的新宪法。宣传机器对"发达社会主义"社会的描绘与人们实际感受到的相去甚远，"最发达的"社会主义制度却无法提供足够的生活必需品。

在勃列日涅夫看来，布尔什维克党最高目标是实现马克思设想的无阶级的、团结的、劳动的联合体。随着发达社会主义社会生产力的不断提高，物质财富将会高度满足全社会成员的需求，苏联各个阶级和社会集团也将会相互接近，社会结构逐渐出现单一性，也即走向无阶级的共产主义社会。在苏共第二十六次代表大会上，勃列日涅夫提出："在70年代，苏联社会所有阶级和社会集团互相接近的过程继续下来了。我们的目的是建立一个人们不分阶级的社会。"但是在劳动人民"真正当家作主"的国家中，"公仆"享受特权、贪污受贿、生活奢侈堕落，而"主人"们却排队购物、生活艰难，并且从来没有机会真正表达自己的意愿。

尽管苏共出版了几千万册马列主义经典著作，主办无数讲习班和讲座，在大学开设了马列主义课程，发布多如牛毛的关于加强思想教育和意识形态工作的各种文件和决议，但是理论与现实的巨大反差，使人们失去了对苏共和国家的信任，怀疑和不满日渐高涨，到处都弥漫着虚无主义。青年学生对社会问题和政治问题漠不关心，对国家过去的历史传统不感兴趣，冷漠和玩世不恭，意识形态领域已经从犬儒发展到了冷漠，苏共无可挽回地失去了意识领域的阵地。

（二）经济改革：管理者集团与劳动者集团的利益之争

1. 农业改革

勃列日涅夫在肯定改革必要性的同时，对赫鲁晓夫在农业方面的改革措施采取了扬弃的态度。1965年3月，苏共中央全会通过了《关于进一步发展苏联农业的刻不容缓的措施》的决议，采取了一系列措施发展农业。首先在组织机构上恢复农业垂直管理。勃列日涅夫把原来下放给地方的权力重新划归农业部，把被赫鲁晓夫免职的农业部长官复原职，合并区一级工业党委和农业党委为统一的州和边疆区党委会，集体农庄、国营农场统归区党委会领导。其次，为农业生产提供要素投入。增加农业投资，仅1966—1980年，农业投资总额为3830亿卢布，比十月革命后的40多年的农业投入还高2.5倍。1965—1982年，农业投资总额达4708亿卢布。加强农业科研工作和人才培养。在农业机械化、化学化、电气化、水利化和土壤改良等方面下工夫，增强发展农业的物质技术基础。再次，用经济方法管理农业，提高激励。国营农场实行完全的经济核算制，集体农庄实行有保障的劳动报酬制。从1966年起，集体农庄和国营农场一样，实行月工资制度，提高了集体农庄农民的地位和待遇；对个人副业采取稳定的鼓励政策。提高农产品收购价格。改变过去每年制订一次农产品收购计划的做法，实行"固定收购，超售奖励"的制度，农产品收购计划一定5年不变。1965—1979年，农产品收购价格共提高7次，价格指数提高60%以上。另外，改进农业生产方式，推行农业产业化、集约化的发展方针，进行农工综合体的试验。农业集约化的发展，使苏联从70年代开始出现农工一体化的趋势，形成跨工农业的企业或联合公司——农工综合体。1976年5月，苏共中央通过决议，认为发展农工综合体是苏联进一步发展农业的主要方向。

但是，勃列日涅夫执政时期，虽然在农村普遍实行了退休金和各种劳动福利制度，农民有了和城市居民一样享受免费教育、公费医疗等福利待遇的权利，就农业生产来看，苏联农业长期落后的局面并没有根本改变，粮食仍然依赖进口。主要还是没有解决好农庄的自主经营权、没有落实好农民劳动收益权。1971年二十四大后，盲目强制的使一些农庄过渡到大型国营农场，成为全民所有制农业企业，影响了农庄生产积极性。恢复农业垂直管理后，农业管理部门仍然沿袭过去的管理模式，管得过多过死，减少计划指标的措施并未落实，收购指标却层层加码，农庄和农场实际上仍然没有生产和经营自主权。工业部门提供的农业机械设备老化，而且一些部门还随意提高农业生产资料价格，压缩农产品的利润空间，减少农庄和农场的实际收益。农民个人副业在产业化和集约化的背景下，也受到限制并逐渐萎缩。对农民劳动报酬的刺激体制不合理，没有改变吃"大锅饭"的状况，庄员的劳动报酬按劳动量计算，与劳动结果联系不大，不能真正形成有效激励，提高农业劳动生产率。从1979年开始农业连年减产，农业产值1979年、1980年和1981年分别下降3.1%、2.5%和1.9%。农业不振严重地影响国民经济，特别是轻工业和食品工业的发展，造成市场供应紧张。

2. 工业改革

这个时期的改革主要是减少中央的指令性计划指标，改革管理体制、改进管理方法和扩大企业自主权，强调利润对企业领导和工人的物质刺激作用。其实质是在计划经济的框架内，有限地利用市场机制；以行政手段为主，辅之以经济手段管理经济。这个改革一度取得了明显的效果，促进了苏联经济的发展。1965 年 9 月，勃列日涅夫召开苏共中央全会，苏联部长会议主席柯西金作了《关于改进工业管理、完善计划工作和加强工业生产的经济刺激》的长篇报告。根据柯西金的报告，苏共中央全会通过相应的决议。决议要求领导经济工作的方法要从行政方法向经济方法过渡。提高国家计划工作的科学水平；扩大企业经营的独立性和主动性；完善经济核算，加强对生产的经济刺激。但是决议规定：对于发展生产、技术进步、投资、价格、劳动报酬、财政等经济生活的重要方面，仍必须奉行统一的计划管理。10 月 4 日，苏联部长会议批准了《社会主义国营生产企业条例》，对企业推行新经济体制的各项政策措施，都作了具体、细致的规定，使企业的权利和义务都具有法律地位。1966 年，先在 704 家企业进行试点，以后迅速铺开。到 1972 年，全国有 43000 家企业实行新经济体制，占全苏工业企业总数的 87%，占工业总产值的 94%。新经济体制与赫鲁晓夫时期的工业改革相比，更多强调企业的自主权。包括自主使用资金，自主组织生产，自行制订激励措施。改预算拨款为银行贷款，上级机关不准收回固定给企业的定额范围内的流动资金，扩大归企业自行处置的企业基金，实行新经济体制后，企业可以从计划利润中提取 1%—6%、从超计划利润中提取 30%—60%、从设备折旧中提留 90% 作为企业基金。企业基金完全由企业自主地决定，用于本企业的发展生产、文化设施、住宅建设、物质鼓励等费用。企业有权以最有效的方式安排生产，以物质奖励优良的工作成果，新经济体制借助价格、利润、信贷等经济刺激和通过工资制度改革，使员工从物质上关心自己和企业的工作成果。企业与企业之间按市场关系建立联系，对合同负责。

新经济体制作用明显，1966 年实行新经济体制的 704 家企业，劳动生产率、产品销售额，比全行业平均高出 3 个百分点，利润率则高出一倍。由于实行新经济体制，苏联发展国民经济第 8 个五年计划（1966—1970 年）完成得好于以往的五年计划。但是新经济体制引致的权力转移损害了管理部门的利益，因此受到这个庞大的官僚机构从上到下的抵制和反对。柯西金经济改革的重点内容就是减少下达给企业的计划指标，以利润和奖金来激发企业的生产积极性。这种改革的结果必然使企业的生产经营自主权增加，党和行政管理机构的权力相应削弱，行政命令方式将逐渐退出生产领域。"新经济体制"改革一开始，管理机关与企业间围绕权力的争论和斗争就随之而来。企业领导人认为权力过小是提高积极性和经济效率的主要障碍，要求扩大经营管理权。而管理机关则紧抓权力不放，指责企业管理不善而带来损失，当时的苏联报刊充斥着企业与管理机关之间的互相指责，正是反映了当时企业和管理机关之间的权力争夺。镇压了"布拉格之春"后，这些管理机关的官僚们趁机反扑，原来下放给企业的权力又陆续收回，管理体制中行政命令体制逐渐恢复起来。可见，在行政管理体制没有变动的情况下，企业与管理机关在权力争夺上总是处于弱势地位，企业不可能有什么真正的自主权，其积极主动性也不可能被充分调动起来。

勃列日涅夫害怕改革会引发新的社会矛盾，影响社会稳定，动摇其权力基础，因而逐步收缩改革，致使新经济体制改革半途而废。企业官僚主义、平均主义、资金浪费和贪污盗窃严重，片面强调发展重工业和军事工业，国民经济各部门发展比例失调的局面并没有得到改善。

（三）组织改革与官僚集团的自我固化

1. 政治组织改革

勃列日涅夫执政之初，呈现"三驾马车"的权力格局，随着勃列日涅夫的地位巩固与加强，逐渐走向个人集权。作为总书记的勃列日涅夫利用一切机会提高自己的政治地位，扩大权力。苏共中央 1972 年对由柯西金主管的"新经济体制"做了否定性评价之后，勃列日涅夫把在经济方面的决策权控制在自己手里，随后又控制了外交权。1977 年苏共中央 5月全会决定，勃列日涅夫以总书记身份兼任最高苏维埃主席团主席。同年10 月 7 日，最高苏维埃非常代表会议上审议通过了《苏维埃社会主义共和国联盟宪法（根本法）》。按新宪法增加的一些条款，勃列日涅夫同时又兼任国防委员会主席，这样，他就总揽了党、政、军大权。此后，勃列日涅夫的权力大大膨胀，决策权高度集中。由于个人集权的加强，党内民主日益流于形式。个人集权必然产生个人崇拜。随着勃列日涅夫个人权力的膨胀，个人崇拜也泛滥起来。勃列日涅夫时期的政治体制逐渐倒退为斯大林时期高度集权的政治体制，而且变得更"成熟"了。

2. 行政组织改革

干部领导职务终身制弊端日益严重。赫鲁晓夫看到了传统体制下的干部制度存在严重弊端，但是改革失之于急躁冒进。勃列日涅夫执政后以稳定政局等为由，很快就恢复了传统的干部领导职务终身制和干部任免制。

在这方面的倒退，其消极作用十分明显。干部领导职务的终身制，使新生力量难以成长，难以在年富力强时进入重要的领导岗位。终身制的一个必然结果是领导干部老化。1952年苏共中央政治局委员平均年龄为55.4岁，到赫鲁晓夫下台前夕的1964年，政治局委员平均年龄为61岁，书记处成员为54岁。到1981年苏共二十六大时，政治局委员平均年龄为70岁，书记处成员为68岁，核心成员的平均年龄高达75岁。党的领导层的老化，同样反映在地方党政机关。戈尔巴乔夫在1981年1月中央全会的报告中说："一系列党委的书记和成员，地方、共和国和全苏一级苏维埃和经济机关的工作人员，往往好几十年没有发生必要的干部变动，没有增添新人。"干部领导职务终身制、任命制产生的另一个严重弊端是不正之风盛行。在勃列日涅夫时期，苏联高层领导人是否退休，并不取决于年龄与是否有才能，而是取决于与苏联主要领导人的关系。在勃列日涅夫时期，在干部任用问题上，任人唯亲、搞裙带关系已发展到极其严重的程度。

3. "特权阶层"扩大化、稳定化

勃列日涅夫时期，政治体制倒退，使得苏联社会早已存在的"特权阶层"进一步扩大与稳定。"特权阶层"形成于斯大林时期，稳定扩大于勃列日涅夫时期。早在30年代所有这些已经形成完整的制度。根据这个制度的等级——政治局委员、政治局候补委员、中央书记、中央委员、人民委员、总局的首长，等等——每一级都有自己的一套特权，如政府别墅、特殊门诊、医院、休养所和疗养院、配备司机、专用汽车等。斯大林一方面给予上层人物大量的物质利益和特权，另一方面又监视甚至消灭这些人，因而这一阶层也是不稳定、有风险的。勃列日涅夫时期在稳定的要求下，既恢复条条的权力，也保证块块的权力，干部领导职务实行任命制与终身制，所以干部队伍非常稳定并且急剧膨胀。据俄国学者估计，当时这个阶层有50万—70万人，加上他们的家属，共有300万人之多，约占全国总人口的1.5%。

4. 中央与地方的权力配置

勃列日涅夫时期，苏共中央机关设置的与政府部门相应的部门比过去更多了，如国防工业、重工业、机器制造、化学工业、食品工业和农业等部门，在加盟共和国党中央委员会和地方党委也出现了类似的情况，这导致各级党组织往往对一些具体经济问题做决议与发指示，从而大大削弱苏维埃与政府部门的领导作用。

### 三 小结

勃列日涅夫执政 18 年，前期是收取赫鲁晓夫改革红利的 10 年，后期是停滞的 8 年。无论是农业改革还是工业改革，在求稳怕变的思想主导下，都半途而废。仍然没有针对农民和工人的有效的劳动激励，农庄、农场、工业企业的生产经营仍然置于管理机关严格的计划管理之下，一如既往地毫无自主权可言，也一如既往地处于低效和浪费之中。不是继续推进改革，而是退回到高度集权的计划经济体制。官僚管理者经历赫鲁晓夫时期干部选举制和任期制、限制特权的震荡后，没有了斯大林时期国家强力机关监视、控制，公然相互拉拢勾结，空前拥护重新实行干部任命制、终身制、强化特权的勃列日涅夫政权，牢牢巩固和扩大本集团权力。勃列日涅夫时期，局势表面稳定，实则暗流涌动，转型诉求在进一步进行量的累积。生产效率低下，"八五"计划之后，经济增长率连年下降，民众生活物质短缺，国家和普通民众经济权力双双减小，官僚阶层的特权有增无减，除官僚阶层以外的其他社会阶层不满情绪日甚，西方国家加紧了对苏联国内，尤其是对青年学生的价值观输入，抢夺苏联国家的文化阵地。

## 第三节　利益集团博弈与转型方案选择

### 一 戈尔巴乔夫改革与利益集团多元化

（一）思想领域改革为集团多元化提供了意识基础

戈尔巴乔夫时期，不加引导、不设边界的舆论多元化、公开化、批评性演变成了片面的清算和声讨，苏联国家彻底地失去了文化权力。

以立法的形式保障社会舆论多元化。1987 年，戈尔巴乔夫在《十月革命与改革：革命障碍继续》报告中强调要实行社会舆论多元化。1990年，苏联最高苏维埃通过了新闻出版法，第一条就宣布："新闻自由，舆论不受检查，公民有以任何形式，包括通过报刊和其他舆论工具发表意见和见解，寻找、选择、获得和传播信息的权利。"该法强调，不允许垄断任何一种舆论工具，规定国家机关、政党、社会组织、宗教团体以及年满18 岁的公民，都有权利创办舆论工具，这就使社会舆论多元化有了法律制度上的保证。

引入社会批判机制，强调新闻舆论批评无禁区。1987 年 1 月全会上，戈尔巴乔夫提出，在苏联社会不应该有不受批评的禁区，这一点也完全适用于舆论工具。在戈氏批评无禁区的倡导下，被压制已久的报纸、杂志、电视、广播等新闻媒体开始了对现政权报复性的揭露和批判，集中针对斯大林模式的社会主义体制的消极现象和停滞现象，揭露体制弊端，从领导系统中的官僚主义、唯意志论、因循守旧以及种种社会不公现象如以权谋私、贪污腐化，到以前被视为禁区的社会问题如青少年吸毒、黑市交易等，都有报道。几乎各种报刊都设置批评性的专栏，阅读批评栏的读者人数剧增，多数家庭和劳动集体对批评文章议论纷纷。批评文章对千百万人产生了影响，对社会舆论作用甚大。

但是不加引导、不设边界的舆论公开化、多元化、批评性，违背了戈尔巴乔夫加强社会舆论监督、释放怨气、凝聚公民情感、促使公民积极参与社会事务的初衷，演变成了一股否定性批判苏联现实制度的强大洪流，瓦解了人民对苏联国家的信任，也使苏联国家失去文化权力的局面公开化、显性化，对戈尔巴乔夫政治经济改革起到的是破坏性的作用。

（二）经济改革迟缓、无效是利益集团多元化的根本原因

1. 农业改革

从 1985 年 3 月直至苏联解体，戈尔巴乔夫在农业方面的改革总体上来说有三个内容：推广集体承包制和发展家庭承包形式；改革农产品收购制度，扩大生产者支配部分农产品的权利；建立新的农工综合体管理体系，加强农工一体化。1985 年 3 月，戈尔巴乔夫上台执政，他看到了苏联的内在危机，但他低估了农业问题的严重性。直到 1988 年他才提出农业改革问题。主张通过经济核算、承包、民主化经营等方式使农民成为土地的主人，调动农民的生产积极性，发展农业经济。但是，戈尔巴乔夫并没有把农业改革放在中心位置上，不等农业出现明显好转，他就在第十九次党代表大会上宣布把工作重心转变为政治体制改革。

苏联农民在成为农庄庄员后，长期在行政指令下从事生产活动，大多不会独立进行农业生产，在保持农庄制度的情况下，庄员习惯于一切依赖农庄，安于现状，惧怕竞争。在这种情况下，戈尔巴乔夫要想在农村推行租赁承包制，效果并不理想。戈尔巴乔夫准备彻底改变农村的经济体制，

但又找不到合适的过渡办法，在这种操之过急的农业政策实施中，苏联的农业生产状况非但没有好转，反而出现了倒退。比如谷物、棉花、甜菜的产量都低于 20 世纪 70 年代的水平。连年谷物产量进一步下降。苏联历届政府在农业政策上出现的严重失误，使苏联农业生产始终陷于危机的泥潭，导致国民经济最终丧失了可持续发展的基础。可以说，苏联在农业政策上的失误是其剧变并解体的深层次原因之一。

2. 工业改革

经济体制的改革：改革管理机构和管理方法。消除管理机构中职能的重复，把管理机构的资源支配权同责任联系起来，按照管理机构对资源的支配权，把管理机构的责任分为战略管理责任和业务管理责任。改变部的职能。部不再管理企业的日常业务，只在技术、产量方面宏观地指导，直接对国家负责。改变企业的隶属关系，除了数千个跨部门的联合公司和地区—部门联合公司属中央直接管理外，其余的企业都脱离同中央的隶属关系，归属共和国和地方管理机关管理。颁布个体劳动法，从法律上肯定个体劳动，允许私人组织合作社。明确企业的地位和性质，扩大企业自主权，改革企业的经营机制和工资制度，克服分配中平均主义。管理企业的方法，从主要依靠行政方法向依靠经济方法转变，包括计划、价格、物质技术供应、财政信贷等方面。管理机关改指令性计划为指导性计划，理顺批发价、零售价、收购价和销售价，企业自己组织原材料进行生产，改预算拨款为企业贷款。为发展轻工业和服务业，1986 年苏联最高苏维埃通过的《苏联个体劳动法》规定，允许个体劳动进入 29 个家庭手工业和居民服务项目，允许家庭妇女、退休工人、中小学生和已经参加生产的成年人在业余时间从事个体劳动，并对个体劳动在原料、贷款资金和信息方面提供帮助。在农村，鼓励个体农民成立合作社或合作小组。准许个体劳动组织与企业和农庄、农场建立合同关系。改变工资政策中的平均主义，使劳动报酬与劳动成果相联系，发挥工资的激励作用。拉大最高工资和最低工资、脑力劳动和体力劳动、熟练工人和非熟练工人的工资差距，企业全额负担本单位职工工资。

对管理机关来说，精简机构、裁减人员、权力收缩、责任加大，利益受损；企业必须自筹资金、技术和原材料、背负贷款、承担工资支付和上缴利润，企业在权力扩大的同时责任也大大增加了，这使一部分企业领导人害怕起来，感到风险和责任大，因此不希望进行大的改革，特别是一些经营条件不好，长期亏损，不可能在短期内盈利的企业。长期在计划经济体制下养成了拖沓、散漫工作习惯、具有"吃大锅饭"依赖思想的一部分非熟练工人也感觉利益受损。改革的进展和见效缓慢使原本拥护改革的一部分民众，倒向了激进主义改革派，经济改革在保守主义和激进主义的双重夹击下失败了。

（三）组织改革为利益集团生长提供了适宜的政治环境

1. 政治组织改革

经济领域改革的失败使戈尔巴乔夫认为，最大的阻力来自政治领域。从 1988 年 6 月苏共第十九次代表会议开始，戈尔巴乔夫把政治改革提到首位，开始对政治体制进行根本改革。

首先，实行党政分开，把权力从党转到苏维埃国家。戈尔巴乔夫提出，党要把不属于它的那些权力和职能统统归还给国家政权机关，即实现权力中心从党的机关向苏维埃国家机关的转移。任何一个问题，无论经济的还是社会的问题，不能越过苏维埃：党的政策、经济政策、社会政策、民族政策，都应当首先经过人民代表苏维埃这个人民政权机构来执行。苏维埃集立法、行政和监督于一身，最高苏维埃变成了常设制，党原来事实上掌握的立法和干部任命权转归了最高苏维埃。

其次，苏维埃代表由选举产生。苏联从上到下进行了新的国家权力机构——人民代表大会（苏维埃）代表的差额选举。戈尔巴乔夫想通过人民代表的选举使共产党重新获得人民的认同，但苏共推出的地方党组织领导人没有被选进代表大会，自由选举打破了苏共对权力的垄断。选举之后，第一届人代会召开，这种人数众多、代表观点各异的苏维埃是"清谈馆"，它没有权威，也解决不了任何问题，无法承担起管理国家的职责。但是这个选举产生具有合法性的人代会却取代和排斥了苏共对立法和高层决策的控制。

最后，允许多党制。不加限制的公开性、民主化之后必然是多党制。1988 年苏联开始出现了各种各样的"非正式组织"，各加盟共和国都建立了"人民阵线"，到 1990 年初，非正式组织发展到了几万个。政治多元化与多党制已经成为苏共不得不承认的一个事实。1989 年 6 月，在第一届苏联人代会上，萨哈罗夫就提出要制定新的宪法，取消共产党对权力的垄断，萨哈罗夫的主张得到了跨地区议员团的支持。同时，苏联爆发了大规模的脱离苏共领导的矿工罢工，成为激进改革派向苏共施加压力的工具。这些因素迫使苏共承认多党制，1990 年 3 月第三次人代会修改了宪法，苏共放弃了领导地位，在法律上变成了一个与其他政党权力毫无差别的社会组织。1990 年 5 月 30 日，苏联最高苏维埃通过了《结社和信仰自由法》，此法于 1991 年 1 月 1 日生效。1990 年 10 月 9 日，又通过了《苏联社会联合组织法》和《苏联社会联合组织生效法》，规定所有政党和组织一律平等，使多党制原则具体化。1991 年俄罗斯宣布《苏联社会联合组织法》适用于俄罗斯联邦，俄罗斯多党制开始形成。1990 年 10 月，"民主俄罗斯"运动成立。这个在苏共实行多党制后成立的苏共最大的反对派组织，在 1991 年的竞选中帮助叶利钦成功当选俄罗斯总统。

党政分开，不加限制的公开性、民主化直接导致了苏共政治立法权、决策权的丧失。经济领域的失败为激进改革派提供了社会基础。直接选举制为激进改革派个人提供了获得政治权力的机会。多党制为激进改革派从个人发展为党派，并为党派参与决策提供了政治空间。选举制和多党制为苏共培育了强有力的党外反对派。

2. 行政组织改革

行政组织权力的改革主要体现在政府机构改革和干部制度改革。合并专业部委，向官僚主义宣战。比如，把农业部、农村建设部、果品蔬菜部、肉品和奶品工业部、食品工业部和国家农业物质技术供应委员会 6 个部门合并成立苏联国家农工委员会，并相应地撤销各部委。这次合并过程中，机构精简 47%，裁减工作人员 40%。按照苏联当时的估算，削减的人数达到近一半。不仅如此，在改变政府机构工作作风方面明确提出向官僚主义宣战。戈尔巴乔夫上台以后，广泛动用舆论工具发动群众揭发官僚主义现象，对犯有官僚主义错误的干部实行公开点名批评。

干部制度的改革从调整干部政策、革新干部任用标准和改革干部任用制度几个方面着手。更换年老体弱、无所作为的干部，提拔年轻有为的改革者；加强干部纪律性和责任心教育；在干部任免过程中严格遵守民主集中制原则，停止以主观主义、命令主义无原则地更换干部和工作人员；强化监督，加强党的监督机关、国家监督机关和群众监督机关的作用。更新任用干部的政治、业务和道德标准。干部任用制度从任命制向选举制、聘任制过渡。苏共 1986 年二十七大提出要普遍实行生产作业队长的直接选举制。之后又进一步提出企业、生产单位领导人的直接选举，戈尔巴乔夫还建议以无记名方式选举州和市委书记，自此，苏联全国各地都在实行基层领导干部的直接选举制和聘任制。政府机构改革和干部制度改革削弱了党的权力，尤其是削弱了苏共旧有官僚阶层的政治、经济权力，威胁到了他们的既得利益，在苏共内部形成了强烈抵制和反对改革的保守派。

3. 中央和地方权力分配

勃列日涅夫时期，苏维埃的权力很小，地方苏维埃的权力就更小。戈尔巴乔夫执政后，强化了最高苏维埃的权力，扩大了地方苏维埃管理本地区经济社会事务的权力，包括：决定如何使用中央拨付的资金结余；分配本地区消费品剩余，而不是上交国家管理机关；制订本地区发展计划，报经上级机关批准后实施；负责本地区基础设施建设、自然保护、居民住房等问题。本地区企业除划归中央部委直接管理的之外，都属地方管理，地方经济权力的扩大，具有两面性，促进地方竞争的同时也赋予了地方从中央分离出去的经济条件。在国家的最高权力转移到总统系统，各共和国也效仿联盟中央实行总统制，民选产生了自己的总统和苏维埃主席，他们不是对联盟中央，而是对本共和国的选民负责，地方总统制在政治上埋下了分离主义隐患。

二　利益集团博弈与转型方式确立

20 世纪 80 年代以来美国等西方国家采用软硬两手，加紧西方价值观对苏联的输入。一方面利用自己的经济、科技优势，通过多种渠道，对苏联加强宣传资产阶级思想意识，里根就把"美国之音"称为"巨大的非军事力量，是在共产主义黑暗中点火的力量"。对苏联国家年轻一代的分化、西化和瓦解工作更为注重，不断地派遣大批人员到苏联传播民主思想，大量邀请苏联人去留学、访问，试图让在美国留学的苏联学生接受西方自由民主原则的熏陶。西方国家的和平演变战略对苏联人民的思想发挥了潜移默化的作用，再加上戈尔巴乔夫的公开性、批评性等自由化政策，使得西方自由民主思想很快颠覆了苏共原有的意识形态，占据了思想意识的主导地位。另一方面通过裁军谈判和人权问题等向苏联当局施压，将经济援助和经济制裁与政治、意识形态挂钩，促使其向资本主义转化。如美国积极利用苏联的经济困难，以经济援助为诱饵，迫使苏联在国内人权政策方面进行改革，这些人权政策包括保护宗教信仰、人员流通、取消政治犯等内容。戈尔巴乔夫后期，民众对改革已经失去了耐性，国内意识形态混乱、极端主义盛行。主要可以归为四类：党内保守派，以斯大林为旗帜，主张权力高度集中，反对改革；激进改革派，鼓吹自由主义，主张全盘西化；民族分裂派，反共反社会主义势力反联盟，主张民族分裂；中间派，主张建设性的改革，但是力量十分微弱。激进改革派和民族分裂派与西方国家一拍即合，前者很快攫取文化权力为己所用，西方国家利用文化权力指引激进派和分裂派奉行自由资本主义，肢解联盟国家，葬送了社会主义苏联。

（一）1991 年"8·19 事件"：改革"主流派"与"激进民主派"的结合

苏共二十八大和叶利钦当选为俄联邦总统，激进改革路线将在苏联占据主导的政治走势已经十分明朗。之后，大批苏共党员甚至苏共改革主流派的核心人物纷纷向激进民主派倒戈。出现主流派和激进民主派合流的趋势。前外长谢瓦尔德纳泽、前总统顾问、改革主流派"改革设计师"雅科夫列夫先后宣布辞去原有职务、退出苏共，同时与原戈尔巴乔夫总统委员会主要成员沙塔林、总统个人经济顾问彼得拉科夫会同激进派主要领导人波波夫、索布恰克、沃尔斯基等于 1991 年 7 月成立了"民主改革运动"。该运动的宗旨就是继续推进政治和经济领域的激进改革，消除回到原有体制的危险。主流派与激进改革派的合流，极大加强了激进改革派的力量，也是诱发苏共传统政治精英发动"8·19 事件"的直接动因。1991 年，各加盟共和国内的分离势力大幅增长，戈尔巴乔夫试图将苏联改为松散的邦联——苏维埃主权共和国联盟，触发了苏共党内保守派的种种不满，保守派以此为契机发动政变。1991 年 8 月 19 日，苏联副总统亚纳耶夫突然宣布总统戈尔巴乔夫因健康原因无法履行职权，总统职务由其代为行使，其后亚纳耶夫会同当时的苏联国防部长亚佐夫元帅及克格勃首脑等人宣布成立"紧急状态委员会"，紧急状态委员会发表的《告苏联人民书》，下令武装部队开进莫斯科，包围"白宫"，接管国家政权。这就是"保守派"为挽救国家命运，维护国家统一、维护共产党地位、维护社会主义制度而采取的轰动一时的行动，即"8·19 事件"。事发之后，叶利钦反应迅速，对内争取议会、军队、民众的支持，联合戈尔巴乔夫，对外迅速与西方国家对接，用电话与西方大国领导人联系，寻求他们的支持。冒着危险爬上坦克，宣读事先与议长哈斯布拉托夫商议准备好的呼吁书，发表反对政变的演讲。21 日晚，苏联最高苏维埃宣布国家紧急状态委员会停止戈尔巴乔夫总统权力为非法。"8·19 事件"以紧急状态委员会的失败告终。这一事件促使戈尔巴乔夫完全倒向激进民主派，在事件善后处理中将传统派从领导层全部清除出去。主流派与激进改革派的合流加速了苏联政权的崩溃。

（二）《别洛韦日协定》和《阿拉木图宣言》："激进民主派"与"民族分裂派"的合流

叶利钦因其卓越的表现，成为平息"8·19 事件"的英雄。其在平息政变中表现出来的快速反应能力和组织能力，准确的判断能力和富有胆识的行动能力，使叶利钦平添了无人能及的政治资本。其维护议会，维护民主，反对武力的形象深入民心。"8·19 事件"的胜利不仅成为叶利钦本人政治生涯，而且成为苏联历史的一个转折点。它使叶利钦为首的激进"民主派"彻底战胜了以亚纳耶夫为首的"保守派"，也从根本上削弱了以戈尔巴乔夫为首的"主流派"，为其瓦解联盟、将苏联的一切权力转移到俄罗斯联邦奠定了基础。"8·19 事件"之后，叶利钦马上宣布全俄实行非党化，苏共被挤出政治舞台，各加盟共和国的独立倾向更加明显。为摆脱苏联哪怕只是名义上的束缚，彻底独立，白俄罗斯、俄罗斯和乌克兰三个斯拉夫国家的领导人于 1991 年 12 月 8 日在俄罗斯偏僻的别洛韦日正式向外界发表声明，并签署建立独立国家联合体的协议，宣布苏联作为国际法主体和地缘政治实体将停止存在。12 月 10 日，乌克兰、白俄罗斯最高苏维埃批准了《别洛韦日协定》，12 月 12 日，俄罗斯联邦最高苏维埃也批准了这一协定，从而在法律程序上为苏联解体画上了句号，苏联的法律和其他一切准则在这三个共和国境内已不再适用。

"8·19 事件"后，叶利钦利用自己作为苏联最大的加盟共和国总统的地位，发布了一系列命令将苏联的权力、财产和机构划归俄罗斯联邦所有，使俄罗斯联邦的权力迅速膨胀。1991 年 11 月 16 日，叶利钦发布了10 项总统令，接管了联盟中央一系列财政金融部门，剥夺了中央的重要财源。控制了能源的生产和出口，限令约 80 个联盟中央的部委解散，并停止向它们提供资金。一周后，他又宣布由俄罗斯中央银行接管苏联的国家银行对外经济事务银行。同日，他下令停止苏共的活动，撤销在俄罗斯境内的克格勃、内务部以及军事机构中的政治机构。他还下令暂停《真理报》、《苏维埃俄罗斯报》等共产党报刊的出版，将苏联中央电视台收归俄罗斯所有，并解除了全苏国家广播电视公司、塔斯社和苏联新闻社领导人的职务。之后查封了苏共中央办公大楼，拆除了十月革命50周年纪念碑。这样，叶利钦的地位又有了进一步巩固。在随后的几天里，叶利钦利用手中掌握的财政金融大权，以满足苏联军队提出的一些要求和许诺向军队提供物资、财政方面的支持，换取了军队的支持。至此，戈尔巴乔夫已丧失了党政军大权，不得不在与叶利钦举行会谈后宣布苏联将于1991年年底停止存在，苏联全联盟机构在这年年底前停止一切活动，12月21日，苏联11个加盟共和国首脑发表了《阿拉木图宣言》，主要内容：确认由俄罗斯、乌克兰和白俄罗斯3国签署的独立国家联合体的宗旨和原则；宣布随着独联体的成立，苏联将停止存在，宣告苏联的彻底瓦解。圣诞节之夜，叶利钦从戈尔巴乔夫手中接过了苏联的最后一项权力——核按钮控制权，叶利钦终于取得了俄罗斯至高无上的组织权力。

# 第四节　本章小结

戈尔巴乔夫时期，经济权力改革以放权为中心，中央向地方放权，政府向企业、农民放权。长达半个多世纪的计划经济体制，已经冻结了企业和农民的能动性和创造性，正所谓"冰冻三尺，非一日之寒"。从这一点上看，早在戈尔巴乔夫之前，苏联就已经丧失了经济体制改革的时机。在社会底层没有权力的承接者，放权也就无法达到预期的效果，中央向底层民众的放权是失败的。中央向地方下放经济权力，呈现"零和"现象，加速了地方同中央的离心力。文化权力的改革以公开性和批评性为起点，但是不加限制、不设边界的公开性和批评性并没有起到"战鼓"的作用，反而拖累了组织权力的改革，使政治改革脱离了党的控制，偏离了预计的轨道，滑向了混乱的多党制，培植了党外反对派。党政分权使苏共失去了政治组织权力，国家的立法权和重大决策权落空；干部制度改革使行政组织权力落空，苏共无权行使，代表国家的苏维埃有权但无力行使。地方选举制填补了这一空白，各共和国领导人是干部制度改革的受益者。经济社会事务管理权从苏共旧官僚手中转移到了党派各异的共和国地方各级机构。从全局来看，苏维埃国家的权力有名无实，苏共在失去了文化权力、决定性的组织权力和部分经济权力的同时，面临着党内保守主义和党外激进改革派的双重夹击；底层工人、农民和企业的经济权力并没有显著的扩大；只有地方共和国既获得了经济权力也获得了政治权力，同时不断破坏与抛弃代表苏联的政治象征，掀起改名潮，试探苏共国家的政治底线。激进民主派与民族分裂主义派相结合后选定的激进转型道路，是各利益集团博弈的结果。

# 第四章　叶利钦时期制度框架的确立与利益集团

## 第一节　市场经济、民主制度的确立与利益集团

### 一　政治制度确立与总统集权、政府弱权

俄罗斯政治转型，一方面延续了戈尔巴乔夫时期的多党制，改进了戈尔巴乔夫时期的选举制；另一方面又呈现俄罗斯激进转型鲜明的特色：总统集权、政府弱权。

1990 年 3 月召开的苏联第三次人民代表大会，从法律上取消了苏共在国家政治生活中的垄断地位，正式通过了多党制，自此开始了俄罗斯从一党制向多党制演变的过程。1993 年 12 月制定的《俄罗斯联邦宪法》第 13 条第 3 款明确宣布，在俄罗斯联邦承认政治多元化和多党制。国家放松了对社会的控制，社会团体拥有相对的独立性。每个人都享有自由结社，其中包括为维护自身权益而建立社会组织的权利，任何人都无权被强制加入或留在某个社会组织中。任何一种意识形态，任何一个政党，都无权进行独裁统治。俄罗斯国内拥有为数众多的大小政党，议会道路已成为其参政的唯一途径。各种社会团体开始从自身利益出发，影响政治决策。经过一段时间的混乱之后的俄罗斯社会逐渐趋于稳定，1994 年 4 月 28 日，近 50 个政党和社会团体签署了《社会和睦条约》，成立协商委员会，强调寻求和睦稳定，尊重宪法，以合法方式开展政治斗争。尽管左翼的代表俄罗斯共产党和右翼的代表亚博卢没有在条约上签字，但也都发表声明表示支持。毕竟，成熟民主政体的运作是要在各种权力之间寻求和谐和妥协，而不是冲突。

在俄罗斯政治领域，选举制取代了委任制，公民开始真正享有选举权。俄罗斯社会宪法规定了公民的选举权、被选举权和参加全民公决的权利。选举实行普遍、平等、直接和秘密的原则。俄联邦总统由有直接选举权的俄联邦公民以无记名投票方式选举产生，俄部分议员也由各地选民选出，公开、差额、竞争性的选举，使俄罗斯的选举制度发生了根本性的变化，而不是苏联时期指定候选人、等额甚至秘密的选举，从而使选举真正反映民意，公民真正享有宪法规定的政治权利。这也是在糟糕的经济环境下，民众仍然投票支持叶利钦连任的原因之一。

（一）总统集权

通过选举制取得俄罗斯总统职位。1954 年大学毕业后，叶利钦到斯维尔德洛夫斯克州乌拉尔重型管道建筑托拉斯工作，先后担任总工程师、建设局局长，州党委建筑部部长和州委书记，期间于 1961 年加入共产党，直到 1985 年 7 月调往莫斯科，被戈尔巴乔夫任命为苏共中央建筑部部长，完成了从地方政治人物向全国性政治人物的关键转变。在地方长达 30 年的工作经历，使叶利钦积累了相当的政治资本，同时也充分了解了地方政府、官员和民众的利益要求和心理特点，为其日后夺得地方选举打下了基础。1985 年 12 月，叶利钦又被任命为莫斯科市委第一书记，之后当选苏共政治局候补委员，两年之内，叶利钦实现了三级跳。任莫斯科市委书记后，叶利钦进行了大刀阔斧的改革，短短几个月，莫斯科 33 个区的区委书记就有 23 个被叶利钦罢了官免了职。在任期间，由于他的激进思想不能同党中央保持一致，1987 年，苏共将其解职，任命他为徒有空名的建设委员会主任，保留部长级待遇，第二年初又被免去政治局候补委员一职。就这样，叶利钦被排除在原有的政治格局之外，其参与改革的行动成本基本降为零。

叶利钦很快从地方苏维埃选举制度中看到了收益的希望。叶利钦所坚持的激进改革思路，代表了相当一部分人的政治要求。叶利钦敢于向苏联党内的权势人物发难，敢于用最激烈的言语在最高领导层的会议上及其他场合抨击苏联的改革，直至被黜贬，引起了许多人的同情，成为其难得的政治资本。1988 年 12 月，他决定辞去建委职务，参加竞选人民代表。在竞选期间，他几乎每天都要与选民见面，并多次参加大规模的群众集会，出席电视辩论会，他要抓住一切机会来宣传自己的施政纲领，抨击时政，揭露政府官员们的官僚主义作风和腐败行为，充分展示自己廉洁奉公、从政为民的形象和深入基层、密切联系群众的作风。1989年3月，他终于如愿以偿，以89.4%的得票率当选为苏联人民代表。1990年，叶利钦宣布脱离苏共，竞选俄罗斯最高苏维埃主席职务。在竞选演说中，他提出必须真正放弃苏共对权力的垄断，将权力转交给苏维埃，扩大企业的自主权，在农村实行多种形式的所有制。1990年5月29日，叶利钦以57.4%的得票当选为俄罗斯联邦最高苏维埃主席。脱离了苏共的叶利钦再度浮上政坛，强烈地向苏联向世界张扬自身"激进反对派"的形象，公开提出苏共放弃马列主义作为党的指导思想，放弃共产主义的奋斗目标，放弃民主集中制，要把苏共建设成社会党的思想主张。极力主张取消军队、政党机构和国家机关中的基层党组织，要求苏共交出文化、组织权力。利用一切手段在群众中寻求支持，集聚另一股政治力量，筹划建立另一个党派。1991年6月，叶利钦最终以58.9%的选票当选俄罗斯历史上首位总统，苏联一个国家内出现了两个总统（戈尔巴乔夫是苏联总统），两个政权，苏联分裂的征兆开始显露。叶利钦利用其俄罗斯总统的权力，对苏共和俄共进行了坚决的打击，签署了总统令，禁止共产党在俄罗斯联邦的政府机关和企业中进行活动。

炮打白宫，打击牵制和监督力量，加强总统集权。1992年新年伊始，独立后的俄罗斯将"休克疗法"付诸实施。放开物价后，俄罗斯仍然是通货膨胀、物价上涨、失业增加、犯罪上升、社会动乱的局面，人们不仅未能从民主中得到幸福，也未能从市场经济中获得实惠。于是，他们走上街头，向叶利钦及其支持的盖达尔政府表示抗议。这些人中有前共产党人，苏联军人，还有新兴的民族主义分子，甚至还有昔日叶利钦的忠实拥护者。此时，在最高权力机关内，围绕着经济改革的方针和权力主导地位展开了激烈的争论，以总统和政府为一方坚持实施"休克疗法"；以议会为另一方，要求把政府置于议会的监督之下。同时，作为经济学家的议长哈斯布拉托夫在经过大量的调查研究的基础上，要求政府的改革计划刹车。

经过第六次和第七次人代会上的斗争，叶利钦虽然保住了任免政府成员和组建、废除和改组重要部委的权力，但总统和政府一方遭受重创。在第八次人代会上，大会收回了第五次人代会赋予总统的特别权力，重新确定了宪法中限制总统权力的条款。为了夺回和加强总统权力，叶利钦不惜炮打白宫，血洗议会。1993 年 9 月 20 日，叶利钦调动内务部队到莫斯科市，为决战议会做好了军事上的准备。9 月 21 日，叶利钦在签署了《关于俄联邦宪法改革命令》之后，于当晚 8 时发表了电视讲话，宣布解散议会，开始了铲除议会的最后决战。针对总统的行动，议会立即给予了反击。对此，总统采取一系列措施；剥夺议会财产；封锁通往议会大厦——白宫的道路。向白宫周围增派军警，切断白宫的供电、供水、供暖以及电话，并发出最后通牒。但议会并没有因此而屈服，双方处于尖锐的对峙状态。两个星期后，叶利钦调集政府军于 10 月 4 日包围议会大厦，下令政府军发起炮火进攻。重型炮弹在议会大楼里频频爆炸，700 名特种兵在重型坦克和武装直升机的火力攻击下，攻下了"白宫"，冲突造成 140 多人丧生，迫使议会向政府军投降。持续了一年多的总统和议会之争，在叶利钦的重炮之下以议会的失败告终。曾经在"8·19 事件"中以维护议会、维护民主面目出现的叶利钦，两年之后，为了加强总统集权，竟然血洗议会、践踏民主，削弱了其总统权力获得的合法性和正当性。

摆脱了议会约束的叶利钦一个月之后，11 月 9 日，颁布了新宪法草案。12 月 12 日，新宪法草案获得通过，这是一部总统制共和国的宪法，它赋予总统至高无上的权力。从国家权力机关的运行机制看，俄总统、总理，议会，司法之间分掌行政、立法和司法权力，三者应该相互制约。但是在俄罗斯 1993 年新宪法下，俄总统权力巨大，议会、司法难以对其形成制约。俄新宪法规定，总统有权决定国家内外政策的基本方向，有权发布命令和指示，全国都必须执行。总统掌握着国家行政组织权，直接领导政府，除了总理由总统提名，须经国家杜马批准外，总统有权任免政府副总理和各部部长，有权接受俄联邦政府辞职，事实上，叶利钦任期内几度更换总理，并没有提请杜马批准。俄总统有权组成俄联邦安全会议和总统办公厅，有权任免俄罗斯武装力量最高统帅。此外，总统有权向国家杜马提出中央银行行长的人选，有权向联邦委员会提出俄联邦宪法法院、最高法院、最高仲裁法院法官的人选以及俄联邦总检察长的人选。总统对议会拥有强有力的否决权。如果国家杜马三次否决总统的总理提名，或者国家杜马在三个月内重新提出对政府的不信任案，总统有权解散国家杜马。与最高苏维埃相比，现在的俄议会不再是国家最高权力机关，而是代表和立法机关，它被剥夺了修改宪法、组织政府、实施监督和管理、通过内外政策决议、发布和解除紧急状态、宣布总动员和局部动员等重大权力，它除了拥有讨论和通过联邦法律的权力外，其实质性权力所剩无几。议会对总统的制约十分有限，在实际执行过程中几乎没有可能。叶利钦终于摆脱了监督和制约，完成了总统集权，独揽立法、政府、军队大权，有人称俄总统是民选的"沙皇"。根据 1993 年宪法，叶利钦至少将在总统位置任职至 1996 年。

（二）政府弱权

由于总统集权，除总理外其他官员都由总统任命或推荐，事实上叶利钦执政期间数度撤换总理，使本来混乱的政府更是一派乱象。总统则在这一片混乱中牢牢掌握着行政组织权力。1991 年 6 月，叶利钦竞选总统获胜，自己兼任总理。1992 年 6 月，任命盖达尔出任了政府首任代总理。1992 年 12 月，任命切尔诺梅尔金为政府总理。1998 年 3 月，提名 35 岁的燃料和能源部部长基里延科担任政府总理。1998 年 8 月，他又突然宣布解除基里延科政府总理职务，解散政府，重新起用切尔诺梅尔金为政府代总理。但由于国家杜马的反对，转而任命前克格勃官员普里马科夫为总理。1999 年 5 月 12 日叶利钦免去普里马科夫总理职务，改由斯捷帕申担任。1999 年 8 月 9 日叶利钦突然解除斯捷帕申总理职务，任命俄联邦安全局长普京为代总理。

由于政治、经济、立法等方面的原因，俄罗斯政府司法机构也几乎处于瘫痪状态，职能软弱。国家内务部多次大改组，侦讯机关和审判机关工作质量和效率大大降低，致使案件的处理和对犯罪者的惩治都大打折扣，国家职能大大削弱。尤其是苏联解体后，国民经济濒临崩溃的边缘，国家财力剧减，军队大量裁员，警力不断下降。因工资拖欠迫于生计，许多警察和其他护法机构的工作人员纷纷改行，忙于挣钱。政法机关维护秩序、保护公民的职能让位于经商牟利的职能。由于国家不能履行保护公民免受犯罪侵害的职责，黑社会组织更加肆无忌惮，横行霸道，引发了居民对警察的普遍不信任感。据全俄社会舆论调查中心 1997 年的调查，有 27% 的被调查者信任军队，14% 的被调查者信任国家安全机关，只有 9% 的被调查者信任警察、法院和检察院；有 42% 的被调查者完全不信任警察，33% 的被调查者部分信任警察，合计有 3/4 的居民不信任警察，这表明国家机器没有履行好自己的保护职能，失去了人民信任。

## 二 转型路径选择与知识精英利益集团

叶利钦的当选，表明计划向市场的转轨已经成为社会的共识。但是对于采取何种方式，是存在争论的。叶利钦政府选择极端的"休克疗法"，具有一定的历史必然性。首先，缘于社会对渐进改革的倦怠；其次，缘于政权与不成熟的知识精英的结合。转轨前俄罗斯经济已陷入了深刻的危机，而改革推进迟缓，人们普遍地产生了逆反心理和急躁情绪，希望尽快过渡到市场经济，摆脱旧体制的束缚。独联体的国民收入连年下降，物价上涨，市场供应体系已基本瓦解，市场供应缺口高达全年商品流转额的一半，进出口剧降。市场供应高度紧张、黑市横行。

俄罗斯的社会转型以经济转轨为起点，通过彻底瓦解原苏共体制赖以生存的经济基础来实现转型，是当时俄罗斯"激进民主派"政治精英的政治愿望。但是，相比摧毁旧制度来说，建立新制度要更困难。"激进民主派"只能提出转型口号，没有智慧设计经济转轨的具体方案，这种具体的方案是由以盖达尔、丘拜斯等为首的一批年轻的经济学家为主体的知识精英设计出来的。俄罗斯的知识精英向来就有批判国家政权的历史传统。这些人在原有的计划经济体制内，由于产权国有、上升流动通道异常狭窄而逐渐被边缘化。20世纪80年代末90年代初，经济严重衰退、政治动荡不安、社会严重失序使一批知识精英心中再次燃烧起一种特有的使命感，并通过自己的实际行动设计出种种的方案试图为自己的国家探索一条走出困境的路子。这些方案可归纳为非市场经济发展方案、可调控的市场经济方案和市场极端主义方案三类。早在1991年，盖达尔还在苏联科学院经济政策研究所时，他就领导了一个由苏联经济学家组成的工作组，负责制订经济改革方案，从而把"休克疗法"引入苏联经济改革的进程。

以叶利钦为首的"激进民主派"最终取得了政权。夹杂着特殊政治目的的"激进民主派"选中了"市场极端主义"的转型方案。1991年11月6日，叶利钦签署了"关于改组俄罗斯联邦政府"的命令，组成了以他为总理，由包括盖达尔、丘拜斯在内的一批具有激进改革思想的年轻学者参加的政府。这一命令，标志着政治与知识精英的结合。知识精英需要通过政治来推行其经济改革的方案，以实现自己的社会理想；而政治精英则为了自己的政治目的需要借助知识精英的专业智慧来达到政治目的。激进的知识精英作为一个新的利益集团登上了历史舞台。

起初，社会的绝大部分民众因为良好的预期而给予了支持。但是随着"休克疗法"的推行，经济危机却越来越严重，"休克疗法"带来的失序超出了民众的忍耐和承受能力。1994年1月，盖达尔在全俄对"休克疗法"的一片反对声中被迫辞职，从而结束了其在政府中的任职。盖达尔的离去被叶利钦认为是"幼稚的""任性的""书生意气"。知识精英的不成熟还表现在对外部诱导和施压的轻信上。西方国家特别是美国，之所以诱使俄罗斯采用休克疗法，除了价值观的因素外，更重要的是希望苏联传统计划体制在俄罗斯尽早彻底被铲除，防止俄罗斯走回头路尤其是希望借此瓦解俄罗斯强大的军工综合体。

"休克疗法"与知识精英一道逐渐淡出政局。"休克疗法"之于知识精英，实乃"成也萧何，败也萧何"。

## 第二节 转型目标执行与金融工业利益集团的兴起

为了使改革不可逆转，俄罗斯在经济领域实施了以快速"自由化"和"私有化"为特征的激进的"休克疗法"。计划经济体制彻底崩溃，而市场经济体制的建立尚需时日，制度真空下，商品投机、金融投机和产权交易投机甚嚣尘上。由于初始政治经济社会地位的不同，各阶层在急速转型过程中获得权力的机会不同，承接新权力的能力不同，社会各阶层在转型过程中不仅经济权力迅速发生变化，而且阶层也在重新分化组合，在自由的政治氛围下，阶层集合起来并为争取本阶层的利益积极展开活动。可以说，在叶利钦时期，社会阶层已经演变成了利益集团。国家权力削弱、普通民众生活困难，由苏联官僚、企业厂长书记和投机者演变而来的工业资本家和金融资本家攫取了国家的经济权力，他们之间合纵联合，加上国家出于政治目的实行的选择性经济激励，经济领域迅速出现寡头垄断。

### 一 农村产权改革与农民利益调整

随着整个经济领域向市场经济转轨，叶利钦政府在农业领域进行了以土地私有化和改组集体农庄、国营农场为中心的大规模农业改革。1991

年叶利钦先后颁布了《俄罗斯联邦土地法典》、《关于改组集体农庄和国营农场办法的决定》两部重要的法律文件以及"关于实现土地改革紧急措施"的命令,标志着俄罗斯在全国展开了以农业私有化为核心的大规模农业改革。俄罗斯政府希望通过激进的农业改革,改变多年来农业在国民经济中的落后地位,促进农业的恢复和发展,进而为整个国民经济的发展奠定良好的基础。

叶利钦时期的农业改革主要集中在改革土地单一所有权和农业经营权,包括土地私有化,农产品价格市场化,取消和改组集体农庄、国营农场,大规模建立个体农庄。

土地私有化。1991 年 4 月 25 日俄罗斯联邦议会通过了《俄罗斯联邦土地法典》,取消了国家对土地的垄断,确立了土地的国家所有制、私人所有制、集体所有制和集体股份所有制并存和平等发展的体制框架。1991年 12 月 27 日发布《关于实现土地改革紧急措施》总统令,规定所有集体农庄、国营农场必须在 1992 年 3 月 1 日前作出决定,向土地私有制、集体股份制和其他形式的所有制过渡。将集体农庄和国营农场的土地分成份额,大部分无偿转给农民所有,俄罗斯土地所有制关系由立法过渡到实践。

1993 年 10 月 27 日发布的《关于调节土地关系和发展土地改革》的命令以及 1996 年 3 月 7 日发布的《关于实现公民的宪法土地权利的命令》规定,公民和法人是土地所有者,有权出售、继承、赠送、抵押、出租、交换以及把全部土地地段或一部分作为股份投入股份公司,获得投资收益。但是,土地私有化并没有带给农民实际的收益。不少农民的土地财产份额所有权没有真正实现,全俄有许多不承认土地私有制的地区(主要是北高加索各共和国)没有将农业企业的土地划为份额;落实了土地份额的地区俄罗斯的土地市场还远未形成,土地和土地份额所有者出售和抵押土地的所有权流通难以实现,绝大部分农民没有得到按股份分配的红利。无论是土地所有权还是资产收益权都没有真正落实。

经营权的私有化。首先是农产品价格市场化。1992 年俄罗斯放开了大部分消费品和生产资料的价格,其目的是发挥市场机制的作用,通过价格手段来刺激和引导生产。联邦政府取消了对农副产品的价格补贴,农产品实行自由价格。放开价格后,农产品价格有了大幅度的提高。但是,在通货膨胀总体严重和结构不均的情况下，出现了农用工业品价格和农产品价格上涨速度的严重失衡，由此导致农产品生产成本大大增加，有一些甚至超过了其销售价格。其次，是改组集体农庄和国营农场，大力开展农户经济化运动。从 1992 年开始，随着俄罗斯制定的激进农业改革方针的实施，俄罗斯掀起了大规模建立农户经济的运动。在俄罗斯政府一系列行政强制压力和财政措施的支持下，农户经济曾一度得到迅猛发展，到 1994 年俄罗斯的家庭农场已经达 27 万个，拥有土地 1130 万公顷。但是，由于国家不能拨出足够的资金加以扶持，致使许多农户（农场）经济的资金和技术设备极其短缺，有些甚至到了难以维持生存的困难境地。随后几年农户（农场）经济迅猛发展的势头大大回落。

1991 年 12 月 29 日颁布实施《关于改组集体农庄和国营农场办法》，规定所有集体农庄和国营农场必须在 1993 年 1 月 1 日前进行改组和重新登记。通过改组和重新登记，大部分集体农庄和国营农场被改组成集体企业、合作社企业、股份制企业和私有农用企业，但也有一小部分集体农庄和国营农场依然保留了自己原有的组织形式。农产品加工企业和农业服务企业大都实行了私有化和股份化。在农业私有化方针的指导下，俄罗斯政府对农业综合体的农产品加工企业、生产技术股份企业、物资技术供应企业和国营合作社企业均实行了私有化和股份化。据有关报道，至 1996 年年底，已有 91% 的农产品加工企业、76% 的农业服务企业和 89% 的粮食制品企业都实行了私有化和股份化。但是，这种仓促的私有化非但没有使整个农业和农工综合体受益，反而使农产品生产者同农产品加工企业和农业服务企业的一体化联系遭到很大的破坏。

以土地私有化和经营权私有化为中心的农业改革并没有取得预期的效果，反而造成了农业生产的大幅度下降。在整个叶利钦执政期间，无论是种植业还是畜牧业产值都大幅下降，最大下降幅度达到近 50%，农业生产整体倒退了 30 年。不仅国家经济权力削弱，农民收益也下降，经济权力并没有明显改善。究其原因，除了失衡的经济环境之外，内部而言，对于国家让渡的所有权和经营权农民没有承接能力，长达半个多世纪，农民已经习惯了的土地国有制和计划经济经营模式下的农业分工，对于突然到来的私有化和个体经营感到无所适从。农民有实行市场经济的要求，但是没有适应市场经济的能力。

## 二　自由化、私有化改革执行：金融工业集团崛起　普通民众利益受损

自由化"休克疗法"的三大基本内容之一，包括价格自由化、经济联系自由化、对外贸易自由化。在商品短缺的条件下，急剧全面放开价格引发了严重的通货膨胀，在企业不具备竞争力的条件下放开外贸，导致出口下降、外汇枯竭、汇率剧烈波动、卢布暴跌，进一步加剧国内资金短缺，国内企业正规的经营环境空前恶化，一部分正规经济被迫转入地下。在法制不健全，政府软弱的条件下，褐色和黑色经济大行其道，影子经济规模和范围迅速扩大，涉及了俄罗斯经济、社会生活的各个领域。世界银行组织认为影子经济在俄罗斯国民经济中占有40%的比例。影子经济的泛滥加重了俄罗斯本来虚弱的症候，扭曲宏观指标，使政府宏观政策脱离现实，失之偏颇，无序和不正当竞争也不利于形成平等竞争的市场秩序。"影子经济"在国民经济中所占的比重越来越大，对俄罗斯经济无异于雪上加霜。

自由化还为一部分人尤其是苏联时期的官僚敛聚商业财富提供了条件。戈尔巴乔夫时期，原国家的物资供销机构被解散，俄罗斯境内出现了大批的商品交易所。国家物资和技术供应委员会和商业机构改组成了商城、合资企业和交易所。这些交易所的负责人或是原国家物资和商业机构的负责人，或是与他们有密切关系的人。共青团干部也参加了商品交易所的创建。例如，负责发展共青团经济的原全苏共青团副书记 K. 扎图林成了著名的莫斯科商品交易所的老板。苏联经济是典型的计划经济和"短缺经济"，价格自由化以后，当时国家制定的价格与"黑市价格"之间相差悬殊，因而在私有化过程中，新兴的交易所利用关系，利用市场上商品的差价，大搞"倒买倒卖"，从中牟取暴利。"共青团经济"的参加者从中获得了大量超额利润。实行外贸自由化后，部门主管官员、商人相互勾结，争取出口配额和许可证，用卢布低价收购石油、钢材等原料，运到国际市场高价抛售，大发横财。为苏联时期的官僚利用自由化积累了大量财富，利用私有化将其变为个人资本。

俄罗斯国有企业私有化依据企业规模的大小，俄罗斯的私有化有小私有化和大私有化之分。大私有化按照私有化改革的进程又分为证券私有化、现金私有化和个别私有化三个阶段。

小私有化（1992年年初至1993年年底）阶段。小私有化是针对职工

人数在 200 人、固定资产账面净值在 100 万卢布以下的小型企业而言的。小私有化的目的是把商业、服务业、运输业和建筑业等领域的小型企业通过商业投标、拍卖、赎买租赁财产、股份制和直接出售等方式转归个人所有。俄罗斯的小私有化进展得比较顺利。截至 1993 年年底，实行小私有化的企业约 6 万家，占商业和服务业企业的 70%，轻工、食品和建筑企业的 54%—56%，建筑业企业的 43%，运输部门企业的 45%。小私有化在转换机制、活跃消费市场、改善第三产业落后状况和解决就业等方面，取得了一定的成效。

俄罗斯的大私有化是针对大中型企业而言，即职工人数在 1000 人以上、企业的固定资产账面净值在 5000 万卢布以上的大型企业，通过证券私有化、现金私有化和个别私有化三个阶段进行。1989—1992 年，俄罗斯原来的各部、委被改成了康采恩，原部长及其副手成为董事长和股票持有者；国家银行改成了商业银行，原行长变为商业银行的董事长；国家的商品供给部改成了交易所、合资企业和大的贸易中心，原领导变为总裁和经理。在这期间，很多合作社也被进行了私有化。这些合作社被分成了很多小企业，以前的各级党委书记和苏共的其他官员成了它们的所有者。这一时期，私有化还只停留在名义上。苏联时期的部长、银行行长、厂长经理已经不再仅仅掌握企业的经营管理权，而是掌握了所有权，变成了官僚资产阶级。俄罗斯 61% 的新企业主原来都是党、政府、企业的精英成员。历时两年（1992 年 7 月至 1994 年 6 月）的证券私有化是一次大规模的群众性私有化运动。其特点是国家通过无偿发放私有化证券来转让国有资产。全部国有资产被估价为 1.5 万亿卢布，以有价债券的形式平均分给 1.5 亿个居民。这样一来，每位俄罗斯居民获得了价值 1 万卢布的国有资产。俄罗斯公民可以利用以行政手段分发到其手中的私有化证券自行购买被出售企业的股票。企业股票先在本企业分配和出售，后向社会公开出售。证券私有化是在快速私有化的政治要求和俄罗斯居民支付能力低的客观现实之间作出的妥协。其无偿性质有力地推动了私有化的快速进行，从根本上改变了俄罗斯的所有制结构。苏联时期官僚资产阶级通过私有化变成了工业资本家。价格自由化导致了物价暴涨，过度的通货膨胀使成千上万从事生产、建筑和餐饮业的私人企业和合作社破产，其所有者由于卢布贬值而变得一无所有，在银行中的储蓄由于贬值而血本无归。1992 年 10

月开始了证券私有化，生活困难的普通民众只能出售配发的证券，该证券是以不记名形式发行的，这为少数人大量低价收购居民手中的私有化证券提供了方便。官僚资产阶级完成了权力的转换，把对国有企业的管理权变成了切切实实的所有权。在证券私有化结束的 1994 年，被称为俄罗斯"私有化之父"的丘拜斯就说，俄企业的股份不可避免地集中于10%—15%的少数人手中。

国有企业私有化造就了工业资本家，金融业的私有化同样也造就了金融资本家，既有原来苏联时期银行业的官僚转变而来的，也有私有化过程中新型的金融资本家，后者因为国家的"全权委托"，获得了无与伦比的竞争优势。苏联国家银行监督着其他专业化银行，如农工银行、储蓄银行和对外经济银行等。私有化初期，国家银行改成了中央银行，原金融管理局局长、副局长成了银行管理委员会的主席。其他银行各分行随之成了独立的银行，这些银行的所有者是原来的管理人员或主要储户。管理者变成了所有者，银行转为个人所有。私有化阶段还创建了许多新银行，如梅纳杰普银行、信贷银行、投资公司银行等。这些银行大多都成了全权委托银行。所谓全权委托银行是指在俄罗斯经济转轨中，受"国家委托"负责信贷、结汇，管理国税、国债、关税和外汇金融业务。国家中央银行以低利率将预算拨款委托给金融寡头经营，后者按照商业银行的高利率进行投机。金融寡头贷款给政府以弥补财政赤字，政府以国企控股权作抵押，3年后政府还贷，收回控股权，否则控股权归金融寡头。由于外资和民间基金会无权竞争此项业务，再加上抵押价低于拍卖价，因此抵押拍卖成为金融寡头占有国有资本的捷径。由苏共、共青团机关在 80 年代末创建的新的商业银行，在"全权委托"成了"被委托"的优先对象，如投资商业银行（1988）、梅纳杰普银行（1988）、阿尔法银行、信贷银行（1989）、俄罗斯信贷银行（1990），等等。这些银行凭借政府转让的权力，掠夺超额利润，积累了惊人的财富，在竞争中逐渐居于优势地位，金融业呈现寡头化。

现金私有化与金融寡头。但是证券私有化并没有达到共同致富的目的，反而形成了"内部人控制"的封闭型公司。这不仅不利于从根本上改善企业的经营管理，而且还会损害外部股东利益。证券私有化过程没有带来企业进行改造时所必需的资金，从而无法引进资本、技术和先进的管理经验，其存在的问题是明显的，切尔诺梅尔金政府于 1994 年 6 月宣布停止证券私有化。开始进入现金私有化阶段（1994 年 7 月至 1996 年 12 月）。现金私有化是指按照市场价格出售国有企业的股票，有偿地转让国有资产。与证券私有化相比，第二阶段私有化的主要目标从追求政治目的转向注重经济效益和刺激生产投资。现金私有化的重点是力图最大限度地吸引本国和外国投资者的资金、更新和改造私有化企业的技术设备，使私有化企业运转起来，效益得以提高。这一阶段私有化的范围也进一步扩大，把以前禁止私有化的一些企业和部门纳入私有化范围。工业资本家和金融资本家的力量在现金私有化阶段悄然发生着变化，新生的金融寡头取代工业企业管理层在新的私有过程中获得了更多的好处，工业资本与金融资本逐渐联合渗透，比如企业为了获得经营所需资金，实行股份委托经营制，将企业抵押给金融机构，金融机构因此获得企业股份，不仅在抵押期满后可以拍卖，而且在抵押期间也可以经营，势力强大的金融工业寡头逐渐出现。在所有制改革方面政府决定从 1997 年起停止大规模的私有化运动，转为有选择地、个别地进行私有化，即转入"个案私有化"阶段。企业实行私有化时，限制内部人控制，私有化企业的资产评估要按市场价格进行，加强国家对私有化过程的监督和对国有资产的管理。

所有制形式的改变并没有显著改善企业的经营状况，私有化企业的生产效率与经济效益在过渡期间持续恶化，私有产权的激励作用与效率优势始终未能充分发挥。出于政治目的仓促进行的企业所有权结构改造，不仅对原有经营秩序带来了巨大冲击，也无法保证经营才能与统驭财产相匹配。私有化迅速改变了原来的经济权力格局。国家预算收入未能增加反而国有资产的大量流失，政府职能弱化；对普通民众而言，福利不增反减；对整个社会而言，经济秩序混乱，贫富分化严重；新兴的俄罗斯资产阶级权贵在私有化过程中获得了巨额财富，掌握了可以左右国家命运的经济权力。

俄罗斯希望通过私有化实现社会公正和平等，但实际结果是，无论是债券私有化，还是货币私有化，基本上都成了只为极少一部分小团体利益瓜分国有财产、积累个人财富的方式。私有化促使了俄罗斯特色的、金融资本与工业资本相互渗透的寡头的迅速崛起，造就了一小撮成为国家资产继承者的寡头资本家，他们与国家政权有着千丝万缕的联系，他们或者是政府要人，或者与政府有着政治、经济上的直接利益关系。这些寡头可谓是权力与金钱高度结合的产物，阿尔法集团总裁阿文曾担任盖达尔政府的对外经济贸易部部长，霍多尔科夫斯基做过共青团莫斯科市委第二书记。新生的寡头分为"工业主导型"和"银行主导型"两种，他们控制了俄罗斯的经济命脉。自 1992 年实行全面私有化到 1996 年间，别列佐夫斯基、波塔宁、古辛斯基、霍多尔科夫斯基、阿文和弗里德曼、斯摩棱斯基等"七寡头"分别创立和发展了联合银行、桥媒体集团、尤科斯石油等金融、能源和媒体集团。他们在国家私有化过程中巧取豪夺，逐步控制和影响了 50% 左右的俄罗斯经济。

俄罗斯寡头不完全是自发形成的，而是因为政府自上而下通过颁布法律、发布指令极力扶持的结果。据不完全统计，到 1996 年年底，为了扶持金融工业集团，通过了两个联邦法律、5 个命令、11 个政府决议和法令。其中，比较重要的是：1993 年 12 月 5 日《关于俄罗斯联邦建立金融工业集团》的总统令；1994 年 6 月 19 日俄联邦政府《关于批准金融工业集团进行登记注册程序的条例》；1995 年 1 月 16 日俄联邦政府《关于促进建立金融工业集团纲要》的决议；1995 年 11 月 30 日俄联邦《关于金融工业集团》的法律；1996 年 4 月 1 日《关于鼓励建立金融工业集团并使之活动的措施》的总统令，以及随后发布的《关于促进银行和产业界一体化》的总统令。在政府的直接推动或指定下，许多政府要员直接控制和背后支持的大型工业企业、金融和商业机构纷纷走上了建立金融工业集团的道路。因此，俄罗斯的金融工业集团组建的过程实际上也是官僚资本同私人资本融合、政治权力与经济权力勾结的过程。

私有化是俄罗斯历史上规模最大的一次国有资产大挥霍。波列万诺夫所著的《大骗局的艺术》一书中披露，俄罗斯最大的企业之一莫斯科利哈乔夫工厂，实际价值至少为 10 亿美元，但仅以 400 万美元的价格卖了出去。莫斯科化工干部培训学院的所有办公大楼及相关设施实际价值至少为 1 亿美元，但实际上只卖了 800 万美元。类似的例子比比皆是。实行私有化的头两年中，俄罗斯政府各级财政收入仅为 1 万亿卢布。统计资料表明，1992—1998 年，俄罗斯从大量的、全面的私有化中仅仅得到相当于国内生产总值 1% 的收入。在 1993—1996 年间，俄罗斯私有化的收入只占俄罗斯国内生产总值的 0.02%—0.04%，占预算收入的 0.13%—

0.16%。1994 年的 10 个月内，俄联邦统一预算收入 1247 亿卢布，支出 1678 亿卢布，赤字为 431 亿卢布，占国民生产总值的 10%。俄罗斯国有资产的私有化未能改善财政状况，预算资金收入也微乎其微。由于财政收入的急剧减少，社会公共事业更是一落千丈。

私有化还导致了俄罗斯资产的大量外流。俄罗斯科学院经济研究所、俄罗斯联邦政府金融研究院的研究员，连同加拿大西奥塔利奥大学的专家们首次对俄罗斯 20 世纪 90 年代资本外流现象进行了综合性国际研究。根据专家们的鉴定，连同改革最初两年沉积下来的资产一起，从俄罗斯流失的资产总额，截至 1997 年年底，达到了 1400 亿美元。更为严重的是，石油、有色金属等原料部门，航空航天、导弹制造等军工企业都成为各种资本，包括外国资本争夺的对象。俄罗斯安全机构的报告显示，俄罗斯 2/3 具有丰富资源和经济潜力的地区已被各种灰色经济势力、黑手党组织所控制，对俄罗斯的经济安全乃至国家安全构成了严重威胁。

在私有化过程中靠以权谋私、投机钻营等手段发家的富豪们，其收入的重要来源是资本收入、财产收入、经营交易活动收入；而普通居民的收入来源主要是工资、薪水和其他交易性收入。其结果是社会各阶层收入和财产占有的差距明显拉大，产生了严重的不公正和两极分化。形成了一端是极少数的新权贵和新俄罗斯人。另一端是大量的贫困者、失业者和在生理界限下生活的人。1992 年消费品价格上涨 25.1 倍，职工工资上涨 9.2 倍，这意味着职工工资实际下降 60%。工资拖欠严重，到 7 月初，拖欠职工工资、退休金和补贴达 2216 亿卢布，生活在贫困线下的居民占 50%。整个社会，10% 最高收入者与 10% 收入最低者之间的收入差距，苏联解体前的 80 年代为 3 倍，改革开始的 1992 年为 8 倍，到 1997 年差距已经超过 13 倍，工薪阶层最高和最低工资之间的差距已经扩大到 27 倍。不仅如此，货币收入中越来越大的份额被富有居民阶层所占用。在全国货币收入总额中，20% 最富有居民所占有的比重已由 1992 年的 38.13% 上升到 1997 年的 46.7%，而 20% 的穷困居民所占的份额只有 6% 左右。也就是说，1/5 的居民拥有全国将近一半的货币收入；另有 1/5 的居民仅仅拥有大约 1/20 的货币收入。反映居民收入集中程度的基尼系数也说明居民的收入差距在不断拉大：改革前一年即 1991 年基尼系数为 0.256，1992 年为 0.327，1993 年上升为 0.398，1994 年达到了最高点 0.409，

1995 年下降为 0.381①。私有化的政治目标是形成广泛的私有者阶层，并在此基础上形成一个稳固的中产阶级来确保新俄罗斯的社会稳定。俄罗斯国内外学者普遍认为，在俄罗斯迄今还没有形成真正意义上的中产阶级。与其说正在形成一个中产阶级，不如说正在出现一个具有俄罗斯特色的低水平的中等收入阶层。

## 第三节　危机中政治权力与资本的结合和分离：寡头政治的兴衰

### 一　政权与私人资本的结合：寡头政治

寡头政治。尽管多党制和选举制相比苏联时期有了明显的发展和进步，但是俄罗斯仍然不是真正意义上的政党政治，政党力量弱小，经验不足，不能组建强有力的议会，达成权力制衡格局。叶利钦因为手握武装力量，加上"8·19 事件"和之前以"民主、自由"之名活动积累的政治资本，当选总统后，强力揽权，压制议会、随意更迭政府、控制司法，实行总统集权，总统命令代替法律。这是俄罗斯各政治派别和社会团体，除总统外，所始料未及的。

在一个缺乏中产阶级坚实社会基础和政府权威的国家，经济权力就会与政治权力相互勾结，形成政治权力的贪腐和经济权力政治化。俄罗斯的寡头政治正是在国家经济权力空前虚弱，政治权力集中于总统一人之手时出现的。寡头政治一度成为俄罗斯重要的政治特征。寡头出资赞助政党，在议会中表达意见，维护本集团的利益，是寡头政治的最基本方式。尽管转型时期俄罗斯的政党制度不完善，但是寡头出于自身利益的需要，往往不遗余力地出资资助某个大的政党，以影响议会决策。在 1993 年和 1995 年的议会选举中寡头为了在议会中寻找代言人，不惜斥巨资支持各政治组织和派别参加竞选。1993 年 12 月俄国家杜马选举时，盖达尔领导的"俄罗斯选择"得到梅纳捷普银行、首都银行、帝国银行、桥银行的巨大支持，成为国家杜马中的最大党派。1995 年议会选举时，俄罗斯 50 家大型

① 李默海：《论俄罗斯激进经济改革的特点与后果》，《天府新论》2008 年第 1 期。

商业银行就准备向素有"当权党"之称的"我们的家园——俄罗斯"运动等捐款200万美元，使"家园"在当年12月国家杜马选举中成为第二大议会党。俄共和自由民主党等也都得到过寡头的支持。

寡头政治更突出的表现是在1996年叶利钦实现总统连任前后，控制舆论、操纵选举，帮助叶利钦实现连任；瓜分选举红利。

在执政之初，为使社会政治制度不可逆转，叶利钦通过政治手段和权力机制培育了"寡头阶层"，他将寡头作为执政的政治基础和支撑力量，寡头也将大权独揽的叶利钦看做经济权力的保障，叶利钦与寡头之间形成了生死与共的关系。

俄罗斯的形势并未因总统制的确立而有丝毫好转。1994—1996年，经济和人民生活水平仍在持续下滑；各类思潮泛起，社会意识日趋混乱；地方分立、车臣战争加重了联邦危机；北约东扩使俄罗斯融入西方的努力遭到沉重打击。所有这一切加剧了政治斗争，"民主派"陷于分化。民意调查显示，1995年年底叶利钦的支持率已降至3%，以俄共为核心的反对派力量日益壮大。正是在这种形势下，1996年6月的总统大选悄然而至。反对派扬言，将就苏联解体、人民贫困、国有资产流失、车臣战争等问题对叶利钦的罪行进行清算。意味着，一旦叶利钦失去权力，他很可能被置于死地。面对严峻形势，叶利钦三次召集寡头商议选举，公开与寡头合谋。七大寡头也担心共产党候选人久加诺夫上台会威胁他们经不起推敲的经济权力，于是与叶利钦一拍即合。他们借助曾任副总理的丘拜斯，成立了帮助叶利钦竞选连任的班子，为叶利钦提供了大量的财力、物力以及舆论支持。1996年七巨头以别列佐夫斯基为代表，支出约5亿美元的巨额政治资金，帮助叶利钦竞选。寡头还利用自己掌握的媒体（见表4-1），控制舆论，操纵选举。早在1996年竞选之前，俄罗斯寡头控制的媒介形成四强：俄罗斯天然气集团，桥媒介集团，罗戈瓦斯汽车集团和奥涅科西姆银行集团。前三强与总理切尔诺梅尔金联系密切，协调行动；而奥涅科西姆银行集团则与丘拜斯、涅姆佐夫两位第一副总理相互呼应；形成舆论界的两大阵营。

在1996年大选中，正是依靠金融寡头控制的媒体不遗余力的正面宣传，叶利钦才能击败之前遥遥领先的久加诺夫，获得选举的胜利。根据欧洲大众传媒研究所的监控资料，3个全俄电视频道系统全部正面宣传叶利

表 4 - 1  寡头控制的传媒

| 利益集团 | 媒体 |
| --- | --- |
| 1. 天然气工业公司（切尔诺梅尔金） | 《劳动报》、《工人论坛报》、《职业》，部分《新日报》；近 30 个地方报刊和电视频道 |
| 2. 欧奈科斯姆银行（波塔宁） | 《消息报》、《俄罗斯电讯》、《专家》、《共青团真理报》 |
| 3. 桥媒介集团公司（古辛斯基） | 《今日报》、《共同报》、《周刊》、《团结》、《七天》报、《广播电视节目报》；独立电视台、莫斯科回声电视台 |
| 4. 罗戈瓦斯汽车公司（别列佐夫斯基） | 《火花杂志》、《独立报》，部分《新日报》 俄罗斯公共电视台、第六电视台 |
| 5. 农业储蓄银行 | 《商人日报》、《商人周刊》、《货币》杂志、《首都》杂志 |

钦，打击对手。第二轮投票前的两个星期内，正面提及叶利钦的有 247 次，批评性的论述一次也没有；批评久加诺夫的有 241 次，正面提及的一次也没有。莫斯科报纸指出："无条件支持叶利钦的传媒起了决定性作用，因为它们对久加诺夫竞选的内容以及叶利钦健康情况等潜在的危机现象做了彻头彻尾的歪曲。"

投桃报李，瓜分选举红利。1996 年 7 月 3 日，叶利钦连任成功后，对帮助他实现连任的寡头大肆派发选举红利，寡头因此可以直接入主内阁，参与决策，从而政治、经济两种权力互相倚重，相得益彰。8 月 14 日，叶利钦任命只有 35 岁的私人银行家波塔宁为俄罗斯第一副总理，就在波塔宁被任命为俄第一副总理消息公布的当天，经营财团的股票就暴涨。抵押给波塔宁财团的诺利里斯克镍厂的股票上涨 4.6%，全天上涨 80%。10 月 29 日，又任命金融七巨头之一的别列佐夫斯基为俄国家安全会议副秘书，负责经济问题；当所有其他企业进口汽车设备受到禁入关税限制压力的时候，别列佐夫斯基的罗戈瓦斯汽车公司却得到了关税优惠权。

## 二 危机与利益集团博弈

由于俄罗斯财政连年入不敷出、赤字高企、国内投机盛行、生产萎缩，经济虚弱，政治动荡。加之外部 1997 年亚洲金融危机的影响，1998

年俄罗斯爆发了严重的金融危机，且呈愈演愈烈的趋势。

1991 年实施"休克疗法"以来，老百姓始终没有享受到改革带来的利益。相反，他们的生活水平却在直线下降。价格飞涨、失业和通货膨胀，生产下降，经济一直徘徊在谷底。社会保障体系破坏严重，特别是住房、医疗保险和失业保险基金等关系到老百姓日常生活方面的措施一直没有到位。加上政府拖欠工资、退休金、养老金，许多人生活陷入贫困之中。一般民众的生活水平直线下降，已达到其极限。两极分化十分严重、犯罪猖獗，黑社会势力渗进社会生活各个方面。最贫穷和最富裕的居民收入之比超过世界平均水平的 1 倍，1/3 人口处于贫困线以下。这种社会两极分化状况是私有化过程中的无规则和无政府状态造成的。普通民众因生活困难引起的不满难以排解，导致街头政治、示威盛行、抗议活动不断出现。民众的普遍不满是俄罗斯政局难以稳定最根本的因素。

如何稳定政局，争论的焦点集中在私有化上。围绕私有化是否合理、是否继续推进的问题，不仅"激进民主派"与反对派意见相左，而且政府和议会也各执一词，相互指责。以久加诺夫为首的反对派抓住国内经济危机和人民生活水平进一步下降的事实，认为当今困难形势的主要原因是叶利钦制定并推行的改革方针，认为只有实行经济多元化，把保持国家稳定发展和国家安全的主要工业如工业、能源、运输、邮电等部门掌握在国家手中，对自然资源和有战略意义的部门实行国家垄断，反对全面私有化、实施国家调控，俄罗斯才有可能摆脱经济困境。在"激进民主派"内部，议会代表指责政府推行的经济改革不符合大部分人民的利益，使俄罗斯陷入危机。而支持总统的代表认为，改革在实行私有化、遏制通货膨胀、防止经济进一步崩溃方面都取得了一定成就，俄罗斯要做的是继续推进私有化。

随着叶利钦连任选战的落幕，俄罗斯政治上层再也没有妥协、联合的理由。利益集团的自利性使其转回到各自为战、相互斗争的状态。各种政治力量的分化组合也日益频繁、关系日益复杂。在经历了商业化、金融化之后，从 1996 年起，私有化进入工业兼并阶段。争夺的重点是准备于1997 年和 1998 年实行私有化的大型国有财产。以切尔诺梅尔金为代表的能源集团，索茨科维奇为代表的重工业集团、轻工业集团以及金融集团，丘拜斯为首的"青年改革派"等，各种利益集团的代理人在政治上展开竞争，致使俄罗斯 1998 年一年之内数易总理，高层的争斗使俄罗斯本来就不稳定的政局频添变数，动荡不安。

1998 年的金融危机是经济危机和政治危机交织的结果。

## 第四节　联邦政府与地方利益集团权力的调整：从放任到规范

俄罗斯联邦是由 89 个大小不一、实力不等的联邦主体、176 个民族构成的多民族的联邦制国家。叶利钦执政前后，俄罗斯出现了地方争权的高潮。早在 1990 年苏联解体前，在叶利钦为首的"激进改革派"的施压下，通过了《俄罗斯联邦主权宣言》，强调联邦法律高于苏联法律，其他加盟共和国和更低层次的自治共和国纷纷效仿，导致了分离主义泛滥。苏联解体以后，政治上的多党制、选举制以及中央政府经济权力的羸弱，是地方权力扩大的客观条件。更重要的是叶利钦为了与议会争权，取得各共和国的支持，对共和国的权力要求不加限制，有求必应，过度出让联邦国家权力，扩大地方自主权，致使地方权力急剧扩大。叶利钦时期，地方政府尤其是掌握雄厚经济权力的地方政府不仅挤占联邦的经济权力，自成一派，独立行事，中央政府的改革政策不能在该地区落实或充分落实，而且在政治上脱离中央的意图明显。

在俄罗斯刚刚独立之初，车臣、鞑靼斯坦、图瓦、萨哈（雅库特）、巴什科尔特斯坦等先后停止向联邦预算交纳税款。一些地方反对中央政府对于地方的垂直领导，在土地改革、住宅和公用事业改革、税制改革和预算方面都和中央存在一定的分歧，使得中央政府丧失权威，改革受阻。如莫斯科市的卢日科夫集团就反对中央政府的土地改革。卢日科夫曾是叶利钦时期的莫斯科市市长，拥有强力部门，经济实力雄厚（莫斯科市控制俄罗斯 60%—85% 的货币流通，80% 的银行位于莫斯科市。1998 年金融危机前，莫斯科拥有 779 个经中央银行莫斯科市总管理局登记的银行，资本总额达 42 万亿卢布，银行资产 251.5 万亿卢布）。经营舆论工具，掌握舆论导向（莫斯科政府掌握的一些发行量较大的报纸）。另外，1997 年建立的莫斯科市属中心电视台电视集团也由莫斯科市政府控股；大修宗教殿堂和庙宇，与宗教界联谊。1998 年卢日科夫为首的"祖国运动组织"成为俄罗斯的一个重要政党，在俄罗斯 88 个地区迅速建立了分部，影响力可见一斑。叶利钦一贯主张土地私有化，莫斯科市长卢日科夫则表示，在莫斯科实行土地自由买卖为时尚早。截至 1997 年 12 月 1 日，俄罗斯有 30 个州表示反对土地自由买卖，33 个州不表态，赞成的只有 25 个州。在联邦中央无法就土地法典达成一致的情况下，萨拉托夫州、加里宁格勒州等少数地区自行通过了本地区允许土地自由买卖的土地法，而有 14 个州却通过了反对土地自由买卖的法律或举行了全民公决不赞成土地自由买卖。

在政治上，地方的分离主义倾向高涨。俄罗斯独立之初，卡累利阿、雅库特、科米、巴什科尔特斯坦（即巴什基尔）等 7 个共和国相继仿效俄联邦，也纷纷发表主权宣言或独立宣言，有的要求作为"主权国家"加入俄联邦，有的要求与俄联邦签订国家间条约，用邦联代替联邦，并宣布自身的宪法高于俄罗斯宪法，明确表示有权退出中央。在各共和国中，车臣和鞑靼斯坦是民族分离倾向最为突出的两个共和国，分别颁布了各自的共和国宪法，公开宣布自己是独立的"主权国家"、"国际法主体"（但鞑靼斯坦并未宣布完全独立），叶利钦借助血洗议会的余威，试图遏制地方的分离倾向。1992 年 3 月 31 日，俄罗斯联邦的 86 个州全部签署了俄罗斯联邦条约，车臣和鞑靼斯坦两个共和国拒绝签署，而且也拒不参加 1993 年 4 月 25 日的全民公决以及同年 12 月就新宪法的公民投票和联邦议会的选举。经过反复谈判、双方妥协，终于在 1994 年 2 月 15 日，俄罗斯总统与鞑靼斯坦总统签署了权力分享条约，联邦向共和国让渡部分政治权和经济力，换取鞑靼斯坦对联邦的承认。自此，开启了联邦与地方一对一谈判的"协商性联邦制"。俄罗斯协商性联邦制虽然暂时防止了俄联邦事实上的分裂。另外，由于联邦和地方权力的不断变化，协商性联邦制又呈现非稳定性。1998 年俄罗斯爆发了严重的经济、金融危机，给地方经济造成了巨大损失，地方领导人公开与联邦中央对抗，搞经济割据，绕过中央直接与外国建立经贸联系，由此诱发了更大范围的以地方保护主义为特征的"经济分离主义"。

车臣问题在叶利钦时期，逐渐演变成车臣危机。车臣共和国地处俄联邦通向高加索的交通、输油管线及贸易活动的要道，有丰富的石油资源，分离主义势力最强，并导致了车臣战争的爆发。叶利钦 1990 年 8 月在刚刚当选俄联邦最高苏维埃主席团主席之际，为了在与苏联中央的对抗中获取地方的支持，来到俄联邦鞑靼自治共和国视察，他发表演说，鼓励鞑靼斯坦尽可能地争取独立。还公开煽动说，"地方能吃下多少主权，就拿走多少主权"。车臣分离主义势力就是在这个大潮中得以滋生壮大的，可以说，车臣之所以宣布拥有完全主权和独立，恰是叶利钦煽动的结果。1992年 5 月 25 日，车臣与俄联邦签署了《关于撤军和车臣共和国与俄罗斯联邦分配财产条约》，据此，联邦一切行政机构全部撤出车臣。俄罗斯除了在名义上没有认可，实际上已经完全承认了车臣独立。而车臣，也获得了事实上的独立国家性质。然而，车臣事实上的独立使俄罗斯的利益一再遭受损失，尤其是损害了俄罗斯对能源资源的布局。1994 年年底，俄出兵车臣，1996 年 8 月 31 日，在国内压力和大选逼近下，鲍里斯·叶利钦和车臣签署停火协定。第一次车臣战争正式结束。此后三年，尽管车臣仍为俄罗斯共同体的其中一员，但实质上却享有非正式的独立。第一次车臣战争结束后，卡累利阿、乌德穆尔特、楚瓦什等民族共和国和其他一些联邦主体公开反对政府用武力解决国内问题，并利用车臣危机再次向联邦政权挑战，与中央争自治权、立法权与经济自主权。叶利钦为了巩固自身权力，一次次地姑息地方的分立倾向，致使地方问题长期化和复杂化。联邦和地方仍然为争夺权力处于动态博弈之中。

# 第五节　小结

叶利钦时代是俄罗斯民族上较混乱的时期之一。他宣传西方的民主价值观念，主张实行西方式的政治、经济制度，推行以西方模式为样板的经济、政治体制改革。1992 年开始，俄罗斯在叶利钦的领导下进行了政治多元化和经济私有化的市场化制度转轨。以开放价格和国有企业大规模私有化为主要内容的"休克疗法"，其初衷是以短期的经济下降为代价，换得资本主义经济制度的建立。但"休克疗法"的实施实际上严重损害了俄罗斯的经济，导致物品价格飞涨，人民生活水平倒退了几十年，经济权利甚至远远比不上苏联时期。社会严重贫富分化，社会迅速分化组合，占据顶端的是总统，之下是拥有可以控制俄罗斯经济命脉的经济权力和左右国家对内对外政策的政治权力的寡头，然后是数量不多的大大小小的有产者，最底层的是人数众多依然只拥有自身劳动力的劳动者以及丧失劳动能力的人员。政治经济转型并没有实现美好的预期，相反，国有资产大量流失，财政虚空、内外债沉重、国力下降，国家权力急剧收缩。长期经济衰退，社会经济秩序走向崩溃。政治上实行民主制却最终走向了总统集权，强总统、小议会、弱政府的格局，导致政治权力贪腐、经济权力政治化的寡头政治。中央与地方矛盾重重，16 个加盟共和国民族纠纷不断，分立主义浪潮冲击着联盟的基础。这样的情形之下，叶利钦不得不提前辞职。直到 1999 年普京执政后才有所转变。

# 第五章　普京时期利益集团行为规制与转型进程调整

## 第一节　执政纲领与集团改革倾向

### 一　改革倾向中的现实主义

叶利钦时期照搬西方改革经验，将俄罗斯拖进了衰退的沼泽，国家权力涣散，地方势力膨胀，寡头政治笼罩，民众生活困难，国力每况愈下。在总统集权鼎盛时期，叶利钦集立法、行政、司法大权于一身，到1999年，为了保证自己和家人的安全，不得不提前辞去总统职务。激进民主改革带来的是：苏联解体，俄罗斯版图缩小，人口减少，经济灾变，国力下降，沦为二流国家；人心异常涣散，社会秩序混乱，社会保障机制崩溃殆尽，人们普遍没有安全感，等等。这一切，刺激俄罗斯民族主义、大国情结反弹，人们产生怀旧情绪，怀念曾经的秩序、爱国主义、国家威信和民族自豪感。改革从浪漫主义向现实主义回归。调查显示，2/3 的人期望通过强权来保障人身安全。社会呼唤"铁腕人物"、呼唤"强权"。威权政治传统又一次焕发出新的令人意想不到的力量。

普京清醒地看到了转轨以来俄罗斯长期所处的危机状况，对产生危机的原因持客观评价的态度，认为是由苏联僵化的计划经济模式和激进改革中的政策失误错误造成的。因此普京认为，俄罗斯未来的发展方向，既不能回到过去的计划经济体制，也不能再搞前几年的照抄西方模式的激进经济改革，而应走自己的改革道路，这就是将人类社会经济发展的共同方向与本国的具体国情相结合的改革道路。过去的计划经济体制脱离了人类社会经济发展的共同方向，走进了"死胡同"，激进经济改革虽然走上了人类社会经济发展的共同道路，但是改革的路线方针政策脱离本国国情，使国家和社会付出了沉重的代价。因此，俄罗斯应该将市场经济与本国的国情结合起来，走符合本国国情的市场经济之路。对此普京概括说：每个国家，包括俄罗斯，都必须寻找自己的改革之路。俄罗斯只是在最近一两年才开始摸索自己的改革道路和寻找自己的发展模式。只有将市场经济和民主制的普遍原则与俄罗斯的现实有机地结合起来，才会有光明的未来。普京道路的公式是：市场经济＋民主原则＋俄罗斯现实，它包含的内容是：爱国主义、强国意识、国家观念和社会团结，核心是"国家"，即突出国家的地位与作用，恢复俄罗斯的大国和强国地位。普京说："俄罗斯唯一的选择是选择做强国，做强大而自信的国家，做一个不反对国际社会，不反对别的强国，而是与其共存的强国。"他认为，"为了使俄罗斯成为强国，俄罗斯必须在经济和社会领域建立一套完整的国家调控体系"。普京的治国理念顺应民心、不偏不倚、切合实时，为社会各界广泛接受和响应，政府在思想文化领域牢牢地站稳了脚跟，使接下来的经济政治改革具备了坚实的民意基础。

普京上台执政，顺应民意，强调俄罗斯要结合本国国情，走中间道路，规范传媒，加强舆论主导，占据文化意识的核心地位。改革税制，加强联邦政府的经济权力；提高居民工资收入、加强社会保障，落实居民的经济权力，培植社会基层力量，夯实政权基础。采用选择性惩罚，惩治寡头，让寡头远离政治，对地方政府采取打击个别、规制为主、适当让步的办法，改组议会上院，收纳国家政治权力、维护主权统一。

**二 意识矫正与传媒集团规制**

普京时期政府对文化权力的掌控，突出表现为对传媒的收复、规制和对普京治国思想的传播，引导社会舆论，收拢涣散的民心，顺应民意，推进改革。

叶利钦时期，由于国家权力的退让，寡头控制的媒体左右着社会舆论。1996年总统大选期间，为叶利钦的当选起到了关键性的作用。叶利钦的放任和放纵使寡头控制的媒体放肆到不仅对政府出台的政策评头论足，而且渗透到政权核心，对政府机构施加影响。不但给中央政策的贯彻实施造成了巨大的阻力，同时还导致了人心涣散，加重地方分立倾向，使各种问题益发突出，严重影响了政府决策的客观性、权威性。普京深深认识到控制和引导媒体舆论的重要性，传达治国理念、监督政策执行、体察真实民意，无不取决于媒体。普京执政初始，就着力收复政府失去的媒体阵地，迫使寡头媒体退出舆论主导地位，收回给予外国媒体的特权。

2000 年 5 月，俄内务部搜查了古辛斯基桥媒体集团总部及其下属机构，并根据最高法院的决定，收缴了该集团保安公司的枪支。6 月，俄最高检察院以涉嫌经济犯罪为由，拘留了古辛斯基。2000 年下半年，有政府背景的俄天然气工业股份公司以桥媒体集团的独立电视台亏欠其 2 亿多美元债务为理由，两次迫使桥媒体集团让出股份。2001 年 4 月，天然气工业股份公司通过非常手段，撤换了独立电视台领导成员，对其进行了强行接管。对别列佐夫斯基控制的第六电视台也展开了系列行动，以涉嫌挪用俄国际航空公司资金为由调查别列佐夫斯基；之后不久，在第六电视台持有少量股份的俄罗斯最大的石油公司——卢克公司通过复杂的破产法将第六电视台告上法庭，电视台败诉，2002 年 1 月 22 日，一度以播送新闻为主的第六电视台关闭。至此，古辛斯基和别列佐夫斯基的两大媒体帝国已土崩瓦解。

鉴于美国"自由欧洲"电台（以下简称"自由"电台）在"8·19事件"中良好的合作表现，1991 年，叶利钦签署了 93 号总统令，对该电台提供优待政策，允许其在莫斯科开设常驻分部并可在俄境内设立记者站，确保其"自由从事新闻工作"。到 2002 年，仅在莫斯科，其听众就达到 13 万人。然而，"自由"电台并未给予俄罗斯政府相应的回报，相反，它无所顾忌的行为常常给俄政府带来各种麻烦和困扰。"自由"电台奉行的冷战思维使其在对俄公民进行广播时仍然沿袭其报道的"偏见性"和"选择性"，这种取向在对车臣和乌克兰地区的播报中表现的尤其明显。为了改变这种舆论上的被动局面，2002 年 10 月，普京签署总统令，宣布叶利钦 1991 年签署的 93 号总统令失效，"自由"电台享有的特权不复存在了。对外资进入媒体的限制也于同期展开，2001 年 4 月，当古辛斯基的独立电视台面临危机时，美国 CNN 曾打算大量收购该电视台的股份，引起俄方警觉。为防止类似的情形出现，当年 8 月，俄国家杜马通过了《大众传媒法》修正案。修正案规定，在建立传媒机构时，外资不得超过 50%（在俄罗斯，外资介入的媒体有 104 家）。通过取消"自由"电台特权以及修订《大众传媒法》，俄罗斯政府避免了外国媒体及资本大范围影响其国内政治的可能性，保证了国家信息安全。同时，普京利用总统权力，在政策上向国家媒体倾斜。通过对媒体的规制，俄罗斯政府重新掌握了舆论主导权，为传播普京的治国理念、引导舆论、统一思想提供了必要的条件。

## 第二节　加强基础社会保障与普通民众集团多数选票约束

普京执政时期，主张建立国家干预的市场经济，"市场经济通行的国家对经济的作用仅限于制定游戏规则并监督其执行的定式属于俄罗斯的未来，目前情况要求国家对经济和社会进程发挥更大的影响力。"根据2000年总统国情咨文，国家在建立市场经济体制和维护市场经济运行条件方面应主要发挥以下作用：第一，保护所有权；第二，保证竞争条件平等；第三，保护经营自由；第四，建立国家统一的经济空间；第五，实施财政和货币政策；第六，实施社会政策。并指出，"俄罗斯需要一种有竞争力的、有效益的、社会公正的、能够保证政治稳定发展的经济体制"。普京正是通过推进农村土地私有化改革，保护产权；提高工资收入、加强社会保障、改善居民的生活状况；改革税制、增加财政收入；建立国家公司、实行国家资本主义、稳定经济；创设国家稳定基金，保持联邦国家经济实力等一系列措施，加强了国家对经济的宏观调控能力，重拾国家的经济权力。普京意识到，改革的民众在逐渐流失，凝聚民心不仅需要系统的为广大民众认同的执政纲领，而且需要让其感受到改革带来的实际收益。保护私人产权，提高工资，改革社会保障体系，增加居民收入，改善民众生活，既能保证改革的总体方向不变，又是加强政权基础的有效途径。

### 一　推进土地私有化改革　保护私有产权

自由市场经济首先必须明晰财产所有权。叶利钦时期，包括土地私有化特别是土地自由买卖内容的土地法典未获通过。普京上台后，在农业问题上强调指出，要解决俄罗斯农业中存在的大量问题，急需尽快通过长期争论不休的新土地法典。2000年1月，他在国家杜马发表讲话时就呼吁尽快通过土地法典。为了解决这个问题，2002年6月26日，俄罗斯国家杜马最终通过了《俄罗斯联邦农用土地流通法》。这项法律的出台，标志着俄罗斯土地私有化有了重大发展，解决了农用土地自由买卖的问题。同时为保证国家农业经济安全，禁止非本国居民买卖农用土地。

## 二 提高工资 改革社会保障体系

1991年之后随着苏联的解体，原来由国家统包的平均主义社会保障体系不复存在，代之以市场经济体制的社会保障体系。叶利钦时期，俄罗斯社会保障制度改革的主要内容是建立失业救济制度，改革退休制度，推行强制性的医疗保险制度，完善社会福利和社会救助，建立多层次的社会保险体系，由国家、企业、个人共同负担社会保险费用。俄罗斯的社会保障主要包括以下几个方面的内容：养老金，失业救济金，生育、怀孕和疾病救济金，儿童补助金，社会援助计划、社会人口保障基金，补贴。补贴主要来源于地方，地方政府补贴多少一方面取决于其财政状况，另一方面则取决于它们从联邦预算中所获得的转移支付。儿童补助金来源于联邦和地方预算以及社会保险基金，由于控制财政赤字的需要以及缺少明确的资金分摊机制，国家和地方政府一直倾向于较低的儿童补助金标准。失业救济金由俄中央银行直接管理，独立于国家预算运行。基金的来源主要有4个方面：一是雇主或企业依法按工资的2%（1996年1月后改为1.5%）交纳的保险费；二是劳动者按月工资的1%交纳的保险费；三是联邦政府的财政专项拨款；四是中央联邦和地方政府的劳动就业培训教育拨款。由于政府财政收入骤减和管理缺乏经验，社会保障基金基础薄弱、管理分散、覆盖面小、额度低的问题非常严重。叶利钦时期俄罗斯的社会保障制度没有起到应有的作用，越来越多的养老金、残疾金领取者、生活困难的家庭被抛入社会最贫困的底层。居民的健康状况恶化，患病率提高。居民健康水平和平均寿命的下降以及人口缩减的趋势又加大了俄罗斯社会保障的负担。绝大部分民众生活贫困，对政府社会保障失去信心，据俄罗斯社会调查，1999年年初，60%的俄罗斯人已经不指望来自国家的帮助，而更多地靠自力更生维持生计。国家责任缺失，社会动荡不安，已经威胁到了政权的稳定。

普京认为，"政治和社会经济动荡、剧变和激进的改革严重消耗了俄罗斯民族的忍耐力、生存能力和建设能力，只有将市场经济和民主的原则与俄罗斯现实有机结合起来，才会有一个光明的未来"。他主张加强和巩固社会保障体系。随着经济的恢复和发展，政府把消除贫困和提高居民实际收入作为优先政策。提高退休金和最低生活费，使退休人员退休金稳定增长，并实行最低退休金指数化。保证职工工资增长率超过通货膨胀率，对国家公务员将实行高薪养廉政策。对生活在贫困线以下的家庭实行有针对性的帮助，把有限的资金用于最困难的家庭。2000 年以来，政府多次提高退休金和最低工资①。2000 年第一季度，俄联邦政府确定全俄人均最低生活费为 1137 卢布，其中有劳动能力者为 1232 卢布，退休者为 851 卢布，儿童为 1160 卢布。从 2000 年 1 月起，俄最低月工资提高了 200 卢布，从 7 月 1 日起再提高了 300 卢布。2000 年 11 月，卡西亚诺夫总理在政府办公会议上宣布，根据俄罗斯宏观经济形势日趋好转的情势，政府决定把 2000 年第三、第四季度俄罗斯人的每月最低生活费标准调整为 1234 卢布（有工作能力的人）、930 卢布（退休者）和 1218 卢布（儿童）三个档次（按 11 月 14 日汇率 1 美元兑 27.77 卢布）。2000 年 1 月和 11 月，政府两次提高退休金，合计调高 9%，平均月退休金达 1260—1300 卢布，约占 75% 的退休人员的退休金可达 1350 卢布，将最低养老金提高到每月 928 卢布，约合 33.5 美元。国家偿还了预算拨款部门职工的工资和退休金欠款，职工实际工资比 1999 年增加约 20%，退休金平均增加一倍。2001 年 2 月 20 日，俄国家统计委员会宣布，到 2000 年第四季度，大约有 26.9% 的俄罗斯人（约 3900 万人）生活在贫困线以下，而 2000 年下半年维持生活的最低收入为每月 1185 卢布，约合 42.7 美元。随着俄罗斯经济的恢复增长，居民的收入有所增加，国营部门及工厂拖欠工资的问题得到了解决，消费水平恢复到了 1998 年金融危机前的水平。2001 年 8 月，俄政府又将国家退休金提高 10%。随着经济的逐步恢复，俄罗斯人的生活质量有所提高，据联合国 2001 年 7 月 11 日世界人口日发布的材料，俄罗斯的生活质量指标在 162 个国家中的排名从 2000 年的第 66 位跃至 2001 年的第 55 位。2001 年居民实际收入增加 6%，失业人数减少 70 万人，到 2002 年 6 月，失业人数又减少 50 万人。2001 年俄罗斯的人均月收入 97.6 美元。2002 年 8 月增加到 147 美元。平均退休金水平为最低生活费的 106%—107%，据俄国家统计委员会的统计，2002 年俄罗斯国民的人均

---

① 王义祥：《普京社会保障政策评析》，《俄罗斯中亚东欧研究》2003 年第 6 期。

名义货币收入为每月 3887 卢布，比 2001 年增长 27%，而 2002 年 12 月为 5381 卢布，比 2001 年同期增长 23.8%。2002 年俄罗斯工作人员的月均结算工资 4426 卢布，与 2001 年相比增长 35%。莫斯科州 2002 年第四季度居民人均最低生活费为 2115 卢布，有劳动能力的居民最低生活费为 2393 卢布，退休人员为 1514 卢布，儿童为 2038 卢布。从 2003 年 2 月 1 日起，俄退休金在 2002 年的基础上提高 5%，从 4 月 1 日起提高 11.2%，从 8 月 1 日起，其指数提高 6%。从 2003 年 10 月 1 日起，最低工资从 400 卢布提高到 600 卢布，增幅为 50%，基本退休金比 2002 年增加 1 倍，提高到 600 卢布。政府官员从 2002 年 6 月 30 日起按级别高低分别提高 1.5—2 倍、1.2—1.5 倍和 0.6—1.2 倍。从 2003 年 9 月 1 日起，大学生助学金提高 1 倍，高等院校有关员工的岗位津贴提高 2 倍。俄政府、工会和企业主于 2002 年初共同制订了 2002—2004 年远景规划，其中包括提高奖学金和退休金金额，为特困户提供更多的生活补贴，进一步调整平均工资水平以及扩充劳务市场和发展社会保险业等，以使生活在贫困线以下的人数减少 30%。据俄塔社 2003 年 2 月 17 日报道，2002 年俄罗斯居民贫困率为 25%，比 2001 年减少了 200 万人。俄罗斯劳动和社会发展部部长亚历山大·波奇诺克指出，2002 年俄罗斯居民实际收入增加 8.8%，实际工资增加 16.6%，实际退休金增加 16.4%。2002 年失业人数为 390 万，占有劳动能力人口的 7%，有 250 万人在 2002 年找到了工作，就业情况是 7 年来最好的。调查表明，得益于经济增长和政府财政收入的增加，普京就任总统以后，大幅提高退休金和补贴，及时发放了工资，改善了居民的生活，重拾民众对政府的信心，稳定了摇摇欲坠的政权。

## 第三节　可控市场经济与利益集团

### 一　恢复国家税制威严　规范征缴集团行为

叶利钦时期，地方经济政治权力膨胀，在财政和税收方面的权限也随之扩大，不仅拥有税收征管权，还有权开征新的地方税税种，确定地方税税率和地方税优惠。一时间，地方税费种类骤增，最多的时候，三级税费总计超过 250 种，企业税收占利润的 70% 以上。过多过滥的税费加剧了税收秩序的混乱，加重了企业和居民的税收负担，偷漏税现象极为严重，很多正常的经营活动被迫转入地下，影子经济泛滥。1996 年，全国 260 万家注册企业中，有 1/3 的企业（约 82 万家）不向税务机关提交纳税申报，不缴纳任何税收。在实际运营的 170 万家企业中，有 130 万家，约 75％不定期或不全额纳税，只有 43.6 万家企业（25％）是真正履行纳税义务的纳税人。过度征收的地方税费还严重地侵蚀了联邦税基，使联邦预算收入不断减少，国家预算连年赤字，联邦预算收入由 1992 年占国家联合预算收入的 56％，减少至 1998 年的 47.4％。政府财力空虚，无力履行转移支付、投资公共领域的责任，更无法通过税收政策来调节收入和调整产业结构，政府失去了财政政策这一个有力的调节工具。税法紊乱、税负繁重、税目庞杂，偷逃税情况严重，削弱了中央政府的宏观调控能力，严重阻碍了经济的发展和社会的稳定。

普京上台以后，致力于税制改革，树立联邦税制威严。采取降低税率，扩大税基，减少税收优惠，加强税收征管，增加税收收入，同时节减预算支出，开源节流，改善联邦财政。

2001 年，在普京的努力下，国家杜马通过了《俄罗斯联邦税法典》第二部分，俄罗斯税收结构和税收制度发生了根本性的变化。税法典赋予了联邦中央广泛的税收立法权（包括征收的税种，税率，征税条件和税收分配等）；大大削减了地方政府的税收权限，规定除税法典规定的税种外，各级地方政府不得自行新增地区税或地方税，地方政府必须遵循中央政府的税收政策和联邦的税收法律；取消多种地方税费，在这次税收改革后，俄联邦的税费种类由以前的 39 种减少到 28 种[①]。虽然税收种类有所减少，税率有所下降，但由于税制设计更为合理，税收征管力度加强，税收收入反而有了大幅度提高。2004 年，俄罗斯税收收入近 4 万亿卢布，约为 1999 年 3396 亿卢布的 12 倍；2008 年，俄罗斯财政盈余 117 万亿卢

---

① 减少税种。在 2004 年 9 月出版的税法典最新修订本中，俄罗斯税费种类由 1998 年的 28 种进一步减至 20 种，其中，联邦税费 12 种，联邦主体税费（地区税费）4 种，地方税费 4 种。下调税率。税法典第二部分将自然人所得税率统一调整为 13％，使俄罗斯的自然人所得税税率成为欧洲最低税率；增值税税率也由最初的 28％降至 2004 年的 18％。统一社会税率由最初的 39％降至 2005 年的 26％。减轻宏观税负。据俄财政部计算，2003 年俄罗斯的宏观税负为 30.7％，2004 年宏观税负再降 2％，约为 29％，比 2000 年的 38％总体降低约 9％。

布，约为当年国内生产总值的4%，实现税收收入919万亿卢布，为历年最高，是1999年的2911倍，剔除通货膨胀因素，税收收入实际增长近10倍①。

同时，强化纳税意识，改善征税环境，加强税收征管。俄罗斯政府从征纳双方着手，不仅加强软性的税收意识教育，而且制定硬性的征纳行为规则。苏联时期计划经济体制下，人们没有纳税意识，叶利钦时期经济失序，纳税意识混乱。纳税文化教育就是教化人们依法自觉纳税、文明征税。

税务警察局在征税过程中往往野蛮征税，使得征纳双方的关系十分紧张，为缓和征纳关系，普京签署总统令于2003年撤销俄罗斯税务警察局，其职责被分别转移到俄罗斯税收部和内务部，并在内务部中成立专门的联邦经济和税收犯罪调查局，负责查处税收和经济犯罪。此外，俄罗斯还修改了《刑法典》，给予纳税人更多的权利保障，比如规定："在纳税人已完税和缴纳了罚款的情况下，有关部门不能对纳税人进行突然检查"，以防止执法人员借检查之机对纳税人进行敲诈勒索。新《刑法典》也加大了对逃税的打击力度，为加强税收征管，俄罗斯在全国广泛开展了打击偷逃税行为的活动。2003年，仅内务部就提起了20多项有关逃税的刑事诉讼，涉及金额巨大。俄罗斯通过以简化税制，减少税种，下调税率，降低税负为主要内容的税制改革，治理和改善了税收环境，减少了纳税人过重的税收压力和负担，实现了国家财政收入稳定增长，恢复了国家税制威严，从而建立起真正符合市场要求的税收体制，为俄罗斯经济的恢复和发展创造条件。

**二 国家资本主义：普京身边的利益集团**

叶利钦时期实行的私有化，尽管十分野蛮，但是也使俄罗斯的所有制结构发生了根本变化，实现了市场主体多元化。国家统计委员会资料表明，截至2000年年底，在企业比重上，国有占11.0%，非国有占89.0%（其中私有占75.0%）；在资产比重上，国有占42%，非国有占58%；在GDP产出比重上，国有经济占25%，非国有经济占75%（其中私有经济占30%）。但是，野蛮无序的私有化并没有提高企业生产效率，反而造成

① 童伟：《俄罗斯税制改革经济效应评析》，《中央财经大学学报》2010年第11期。

了国有资产大量流失，严重削弱了国家经济权力。据俄国家杜马听证会上公布的资料，私有化的损失总计为1.7万亿美元（其中经济损失1万亿美元，社会损失0.7万亿美元），相当于1996年国内生产总值的4.2倍，相当于"二战"期间苏联损失的2.5倍。因此左派提出重新国有化的主张。普京对此采取谨慎务实的态度，肯定私有化在改造所有制上的成果，反对重新国有化。普京主张建立以非国有经济为主体、重视国有经济重要地位的混合所有制结构。对于公共产品部门和自然垄断部门的企业，仍然要保持国有独资或国家控股。俄罗斯政府规定属于自然垄断的部门有：电力的输送和分配；燃料供应；干线天然气管道和天然气的地区分配；干线石油管道；铁路网；港口、航空港；邮政；城市供水和下水管道。也就是说，电力网、能源管道网、铁路网、港口、航空港、邮政和城市上下水管道网属于自然垄断部门，必须实行国有或国家控股；在这些部门，未来的发展方向是网运分开、网厂分开，但在过渡时期，为了保证规模效益，防止过度竞争，必须由国家在一定程度上参与管理。也就意味着，电力公司、石油天然气公司、铁路营运公司、轮船公司、航空公司、电信公司等，在理论上尽管不属于自然垄断部门，可以私有和民营，但是在过渡时期，国家可以对经营公司实行控股。此项改革措施使联邦国家一举取得了对关系国计民生的经济战略部门的控制权。在微观方面，进行企业重组和加强公司治理，提高私有化企业和国有企业的生产效率，确保经济增长的持续动力。

除了国家对经济战略部门的控股外，为了加强国家的经济权力，俄罗斯还通过专门法律，组建国家公司，实行国家资本主义。2007年俄罗斯共通过六部有关组建国家公司的联邦法。法律生效之日即被视为国家公司成立之日。截至2008年年初，俄罗斯共组建了六家国家公司和航空制造联合公司、船舶制造联合公司两大开放式国家控股公司。

国家公司资本雄厚、规模大、涵盖领域广，权利特殊。

从行业分布看，六大国家公司下属行业涵盖金融、纳米技术、核能、武器和高技术、住房和公用事业改革、奥运基础设施建设等多个领域。据保守估计，六大国家公司和两大开放式国家控股公司控制了国内经济的40%，在国内投资总额中占50%左右。2007年，在国家公司框架内的联邦预算支出多达5.5万亿卢布。

**表 5-1** 俄罗斯国家公司组建情况

| 国家公司名称 | 组建日期（通过相应法律日期） | 领导人 | 监事会主席 | 监事会 | 理事会 | 总裁 |
|---|---|---|---|---|---|---|
| 发展银行（莫斯科市） | 2007年5月17日 | 弗拉基米尔·德米特利耶夫 | 维克多·祖布科夫（原总理、现第一副总理） | 9位监事（含总裁）。联邦政府任命总裁以外的监事。联邦政府总理任主席 | 9位理事（含总裁），由总裁提名，监事会任命。总裁任理事会主席 | 联邦总统任命 |
| 俄罗斯纳米技术公司（莫斯科市） | 2007年6月23日 | 列昂尼德·梅拉梅德 | 安德烈·富尔先科 | 15位监事（含总裁），其中5人由联邦总统提名，2人由国家杜马提名，2人由联邦委员会提名，5人由联邦政府提名。联邦政府任命主席和总裁以外的监事 | 9位理事（含总裁），由总裁提名，监事会任命。总裁任理事会主席 | 联邦总统任命 |
| 促进住房和公共事业改革基金会（莫斯科市） | 2007年7月21日 | 康斯坦丁·齐钦 | 德米特利·科扎克（地区发展部部长） | 17位监事，其中6人由联邦总统提名，5人由联邦政府提名，2人由国家杜马提名，2人由联邦委员会提名，2人由联邦社会院提名。联邦政府任命监事会主席和监事 | 7位理事（含总裁），由总裁提名，监事会任命。总裁任理事会主席 | 联邦政府任命 |
| 奥林匹克建设公司（索契市） | 2007年10月31日 | 谢苗·魏因施托克（现为索契前市长维克多·科洛佳日内） | 德米特利·科扎克（地区发展部部长） | 13位监事 | | 联邦总统任命 |

续表

| 国家公司名称 | 组建日期（通过相应法律日期） | 领导人 | 监事会主席 | 监事会 | 理事会 | 总裁 |
|---|---|---|---|---|---|---|
| 俄罗斯技术公司（莫斯科市） | 2007 年 11 月 23 日 | 谢尔盖·切梅佐夫 | 阿纳托利·谢尔久科夫（国防部部长） | 9 位监事，其中 4 人由联邦总统提名，4 人由联邦政府提名，总经理同时为监事会成员。联邦总统任命监事会成员，其任期不超过 5 年 | 11 位理事。总经理领导理事会工作 | 联邦总统任命 |
| 俄罗斯核能公司（莫斯科市） | 2007 年 12 月 12 日 | 谢尔盖·基里延科 | 谢尔盖·索比亚宁（原总统办公厅主任，现副总理兼政府办公厅主任） | 9 位监事，其中 8 人由联邦总统和政府提名，总经理同时为监事会成员。总统任命监事会主席和监事 | | 联邦总统任命 |
| 航空制造联合公司 | 2006 年 2 月 20 日 | 阿列克赛·费多罗夫 | 谢尔盖·伊万诺夫（原第一副总理，现副总理） | | | |
| 船舶制造联合公司 | 2007 年 3 月 21 日 | 尤里·亚罗夫 | 谢尔盖·纳雷什金（原副总理，现总统办公厅主任） | | | |

国家公司享有极大的特殊权利。有关组建国家公司的联邦法规定，监事会、理事会和总裁组成国家公司的管理机构。公司总裁由总统或政府直接任命；监事会主席由政府高官（总理、副总理、总统办公厅主任、部长等）担任；监事会监事由联邦政府、国家杜马、联邦委员会、联邦社会院提名派代表参加，由总统任命；理事会主席由总裁担任，理事会理事由总裁任命；总经理由总统任命，其任期不必征得下级机关的同意。国家公司直接拥有定量国有资产所有权，是具体国有资产的具体所有者。根据法律，国家公司属于非商业机构，不以营利为目的。国家公司有权从事经营活动，但不接受税务检查；可获利润，但不上缴也不分配利润，而利润只用于专门法律规定的经营活动。国家公司集中了联邦单一制国有企业和开放式国家控股公司两种产权模式的优势：一方面，可以对资产实行完全控制，由于不对联邦承担义务，控制资产的管理集团拥有极大的自主权，能够在关键性的经营领域规避战略竞争者；另一方面，非商业组织的属性使其能够最有效地绕开一系列国内外市场上的限制性壁垒，能够避开来自外国的制裁。国家公司还继承了联邦单一制国有企业在管理上的优势，具有一定的封闭性，不必公开公司运行报告，有权自由组建子公司，不受政府直接控制。

由于国家公司拥有庞大的资产总额和流动资金系统，内部集中了代表俄罗斯工业和科学技术潜力水平的一些大企业，具有较高的商业信誉和融资能力，对国家经济的发展将具有举足轻重的影响和作用。组建国家公司有利于最高当局有效控制国家的战略资产，推动国家重大项目的实施，扩大对公用事业投资，推动科技创新提高国家竞争力。从公司的公共服务功能看，公共投资具有典型的外部正效应，如公共基础设施投资的发展将直接为以此为发展基础的相关产业部门的扩张提供支持，往往带来私人投资的繁荣，从而为经济增长带来累积效应。公共投资的一些特殊领域，如教育和科技投资，本身就是技术进步的源泉，其意义可以部分地通过技术进步的作用体现出来。不过，围绕组建国家公司等问题，俄罗斯国内还存在许多不同的意见和争论，比如，国家公司是否会导致回归苏联部门管理模式；由于国家公司的产权界定并不明晰，从长远看，是否会导致国有资产的重新流失；组建国家公司是否会导致形成新一代的寡头；组建国家公司是否出现新的游说集团和腐败等。国家公司发展趋势究竟如何，仍有待观察。组建国家公司可以运用国家力量，保护关系本国经济命脉的大企业，维护国家产业安全，有效加强政府对经济振兴和发展的主导作用得到强化，巩固和扩大国家经济权力。

### 三　创设国家稳定基金　保持联邦国家经济实力

稳定基金作为一种财政政策工具，是政府为避免因暂时性收入减少或未预料到的突发性支出增加而专门储备的财政资金，其理论基础源自国家干预理论。据不完全统计，到目前为止至少有 33 个国家和地区设立了该基金，各国设立稳定基金的主要目的在于：跨期平滑国家收入，协助中央银行分流外汇储备，跨代平滑国家财富，预防国家社会经济危机以及支持国家发展战略。国际能源价格的持续飙升，使俄罗斯获得了大量的油气收入。据估计，普京执政的 2000—2007 年的 8 年间，俄罗斯仅石油出口收入就超过万亿美元，财政盈余占 GDP 的比重由 1.4% 上升到 5.5%，扩大了 4.1 个百分点。2003 年 12 月 23 日，俄颁布了专门的俄罗斯联邦稳定基金法，同时将该法并入《俄罗斯预算法典》。俄罗斯于 2004 年 1 月 1 日建立了国家主权财富基金——稳定基金。之后在 2003—2007 年各年的年度预算、2005—2007 年俄罗斯总统年度预算咨文中都专门对稳定基金的形成和使用作出明确规定。稳定基金主要由两部分构成：一是石油出口现实价格与基础价格之间的差额，以超额出口税和超额资源（石油）开采税两种方式收取；二是上一财政年联邦预算资金的剩余部分及稳定基金运作收益，其中超额税收收入是稳定基金的主要来源。从 2008 年 2 月 1 日起，稳定基金拆分为储备基金和国家福利基金，两种基金被赋予不同的功能。此次拆分稳定基金的目的是使不同的基金具有不同的目的和不同的长期投资战略。储备基金的主要功能是为缓冲国际石油价格下跌对俄罗斯可能造成的预算冲击，其作用实际上等同于稳定基金，是稳定基金的延续。国家财富基金则将对风险资产进行增长型的投资，主要用于对公民的养老积累拨款。

稳定基金建立四年来，其支出主要用于偿还苏联解体前后欠国际金融组织、巴黎俱乐部成员国外债和俄财政部在 1998—1999 年用于偿还和重组国家外债向俄罗斯对外经济银行的借款，弥补联邦养老基金赤字，为组建发展银行和对外经济银行注资，为增加联邦投资基金拨款等用途。其中偿还外债为最大支出项目，三年共 13277 亿卢布（约合 520 亿美元）。提前偿还外债不仅为俄节约了偿付外债利息的支出，同时提升了俄在国际金融组织中的地位，目前俄已从巴黎俱乐部的债务国转为纯债权国。稳定基金是俄联邦预算基金的组成部分，根据俄罗斯相关法律的规定，其基本功能是在石油价格低于其基础价格时用于保证联邦预算平衡，对经济起到保险作用。在经济形势较好、财政收入增长迅速、预算资金充沛的年份，将超额预算收入纳入稳定基金，以抑制政府公共支出过度膨胀，避免经济过热，减轻通胀压力；当经济疲软，财政收入减少、资金匮乏之时，则利用稳定基金增加政府开支，刺激社会总需求，增加国民收入，摆脱衰退。稳定基金的建立不仅发挥了使国家财富保值增值的功能，同时对稳定国内宏观经济也起到了一定作用，由于基金的蓄水池功能，冲销了由石油美元增长带来的过多的货币供应量。据俄财政部数据，2006 年 8 月至 2007 年 8 月，国内货币供应量增长了 51%，如果没有稳定基金，控制通胀将会面临更大的压力。稳定基金为俄罗斯联邦国家提供了可靠的财力保障和强大的心理依托，成为政府调节经济、稳定经济的重要工具。

# 第四节　可控民主与利益集团

普京通过整肃寡头，排除寡头对政治的干扰；颁布执行《政党法》，推进政党制度建设；采取措施加快司法改革，加强对腐败的打击力度；加快行政机构改革，力图建立与市场经济相适应的国家行政体系；联邦分区，打击地方势力等一系列措施，重塑联邦政治权威。

## 一　规范政党制度与议会构成

政党是民众表达自己政治理想的代表，是人民根本利益的代表，而民众的支持也是政党赖以生存和发展的基础。各政党通过参加选举进入国家政治生活，通过议会实现自己的政治诉求。

1991 年苏联解体后，俄罗斯政党林立。据统计，1992 年 6 月，仅在俄罗斯司法部门正式登记的政党和组织就有 1000 多个。但除俄罗斯联邦共产党以外，这些政党组织涣散，缺乏必要而明确的政治纲领和严格的组织纪律。1993 年的俄罗斯宪法通过后不久，俄罗斯制定了国家杜马规则，新宪法和新的国家杜马选举规则成为俄罗斯政党政治发展的重要里程碑。

俄罗斯出现了政党集中化，俄政党数量不断减少。俄罗斯杜马中的议会党团由 1993 年选举后的 8 个减少到 1995 年选举后的 4 个。1998 年 6 月俄罗斯的全联邦性政党有 225 个，而到 1999 年 1 月 1 日在俄联邦司法部登记的全联邦性政党和社会组织已减至 141 个。叶利钦时期的俄罗斯政党政治带着明显的过渡色彩，除俄共外，大多数政党局限于莫斯科、圣彼得堡这样一些大城市，在俄广大农村地区影响不强。派别众多但又缺乏鲜明个性，没有清晰的党派思想。各政党的政治主张多是抗议和声讨，很难担当建设性政党的重任。

普京上台后，改革政党制度，制定《政党法》，把政党活动纳入法制轨道。2003 年 7 月，《俄罗斯联邦政党法》生效。《政党法》规定，只有成员不少于一万人并在全国一半以上地区有分部的政党才有独立参加各级别选举的权利。那些不能通过司法部的相应审批程序并改组为政党的团体就失去了政治上的地位。2001 年在俄罗斯正式注册的 200 个社会政治团体约只有其中的 28 个改组成为合格的政党，名列前茅的是俄罗斯联邦共产党、俄罗斯自由民主党和"统一俄罗斯"党，右翼力量联盟和"亚博卢"。在《政党法》通过后的两年中，又出现了 20 多个政党。这样，目前俄罗斯有 51 个正式的政党。尽管从法律意义上说俄罗斯的政党超过了50 个，但是 1/3 的政党将不能通过国家的登记手续，只有其中 5—6 个政党能够跨越杜马建立自己的党团必须得到 5% 选票这个门槛。进入俄罗斯国家杜马的政党，只是少数政党，但在俄罗斯社会拥有较大的影响。这些政党集团力量的此消彼长，直接影响着俄罗斯的社会发展政策，成为影响俄罗斯社会政治生活的重要因素。同时，社会发展过程中的人心向背，也直接影响着不同政党集团的力量和影响的消长。

俄罗斯政党按照政治主张的不同可以划分为左、中、右三派。俄罗斯共产党是左翼的主力，右翼政党的力量比较软弱分散，2001 年 12 月 1日，由国家杜马中的几个中间派政党"团结"、"祖国"、"全俄罗斯"三党联合组成了"统一的俄罗斯"党，中间政党的力量明显增强，成为目前最有影响力的政治集团。俄罗斯的政党格局在俄罗斯四次国家杜马选举中，发生了大幅度的摇摆：在 1993 年第一届国家杜马选举中，以盖达尔为首的右翼"俄罗斯选择"占第一位；在 1995 年第二届国家杜马选举中，俄共成为第一大党，左翼力量上升，右翼遭到削弱；1999 年第三届国家杜马选举和 2003 年第四届国家杜马选举的结果则是中间派政党占优势。第四届国家杜马选举中，"统一俄罗斯"党在选举中共获得了 36.8% 的选民支持，成为杜马第一大党。反对党俄罗斯共产党名列第二位，获得了 12.7% 的选票。紧随其后的是自由民主党和刚刚成立不久的"祖国"竞选联盟。左派力量有所缩减。俄罗斯议会出现了"中间派实力强大、左派力量缩减、右翼力量退出、民族主义抬头"的新格局。左翼和右翼的反对派力量都遭到削弱。杜马成为克里姆林宫的驯服工具，这保证普京和政府提出的各项法案能够在杜马中获得顺利通过，出现了总统、政府和议会密切合作的局面。

俄罗斯政党政治的特点是只有政权党而无执政党。这是由俄罗斯"强总统、弱议会"的政治格局决定的，叶利钦时期如斯，普京实施更是这样。俄罗斯独立以来，支持总统叶利钦的三个政权党实际上均是在其授意或支持下，为参加国家杜马选举而在短时间内组建和发展而来。支持普京的政党"统一俄罗斯"党，在普京时期迅猛发展，2004 年已经在俄罗斯 80 个地区建立了分支机构。从这一点来看，俄罗斯至今仍未形成真正西方意义上的政党制度。但是，对具有威权政治传统的俄罗斯而言，政党政治的这一特点是有现实合理性的。全国性政党是防范地区分裂、促进国家统一的最重要工具。"统一俄罗斯"党对于建立积极有效的政治体系发挥了重要作用。"统一俄罗斯"党坚决支持普京的执政理念与政治举措，使总统在国家杜马中有了坚实的政治基础，保证了普京的各项政策在国家杜马能够顺利通过并在政治实践中得到贯彻。"统一俄罗斯"党为普京整合政治力量，稳操政治主动权创造了条件。

二　摆脱寡头政治　追求国家政治独立

俄罗斯寡头的利己性、狭隘性与公共物品供给之间的矛盾，垄断性、排他性、非竞争性与自由竞争市场经济之间的矛盾，与生俱来。他们所拥有或控制的巨额财富不是经过合法积攒，而是在苏联经济体系崩溃的情况下蚕食鲸吞国有财产得来的。寡头积累财富的原罪损害了社会对公平正义的追求，造成了俄罗斯商业活动中的一系列缺陷。经济上的垄断，严重损害了国家、中小企业和其他民众的利益，阻碍了俄罗斯市场经济的发展。寡头在对政权施加影响的时候既不考虑国家和人民的利益，也不顾及法律的约束，对国家和社会责任心的缺失造成了俄罗斯社会的紧张局面。寡头积累经济财富和染指政治的过程恰如奥尔森描绘的"抢瓷器"悲剧，他们抢得了一些经济和政治权力，但却以损害国家和社会其他阶层的利益为代价，以一己之私凌驾于国家和社会之上。普京治国方略的核心是，加强国家权力，必然涉及寡头的政治经济权力，必然要通过消除寡头政治切断寡头对国家政策的干预，保证政府决策的独立性和权威性。

2000年春普京执政后，在处理政府与寡头的关系上提出了与叶利钦时期完全不同的规则，即政治与经济相对分离，不允许大资本干预政治生活，而政权也不干涉企业的合法经营。2000年7月，普京在克里姆林宫召见了诸位寡头，向他们表示，对他们2000年以前在经济领域的行为既往不咎，但也明确了上述原则。大多数寡头或情愿或不情愿地接受了这个建议，唯有古辛斯基和别列佐夫斯基除外，他们依然沿袭叶利钦时期的干政行为，利用手中掌握的传媒工具对普京政府推行的内政外交政策进行大肆抨击。例如，古辛斯基利用手中的媒体，指责普京压制言论自由，要复辟专制制度等；而别列佐夫斯基也因为普京当选总统后没有给予寡头们想要的回报，所以在车臣战争、联邦体制改革等重大问题上公开带头反对普京，甚至为此辞去了在国家杜马的席位。普京政府遂以洗黑钱、侵吞国家财产和诈骗罪对这两位寡头提起诉讼，迫使他们逃亡国外。他们控制的媒体王国被彻底击垮，他们的大量资产也被国家没收。霍多尔科夫斯基与外国资本集团勾结，危害国家利益。在2002年访美期间，霍多尔科夫斯基曾向美国人表示，如果他在2008年当上俄罗斯总统，他将销毁俄罗斯所有战略核武器，并把俄罗斯由总统制国家变为议会总统制国家，条件是美国向俄罗斯进行大规模投资。霍多尔科夫斯基在安—大线问题上也明显触犯了由克里姆林宫控制的俄罗斯管道公司的利益。尤科斯公司试图把其40%的股份卖给美国埃克森—美孚石油公司的举动更危及了俄罗斯的能源战略。尤其是霍多尔科夫斯基想买通国家杜马，改变当时的政治和政权结构。他暗中出钱资助杜马中的两大反对派，即左翼俄共、右翼力量联盟亚博卢集团，希望在议会中形成他能控制的多数派，以便在合适的时机推举他为俄罗斯总理。2005年，霍多尔科夫斯基锒铛入狱，被俄罗斯法院判处9年徒刑。霍多尔科夫斯基旗下的尤科斯石油公司核心子公司尤甘斯克石油天然气公司被低价拍卖给俄罗斯石油公司。普京政府通过对霍多尔科夫斯基的审判警示，绝不允许寡头染指国家政治，抢夺国家权力。

普京对那些与政权合作的寡头则采取了安抚利用的政策。对待支持现政权、愿意与政府合作的寡头，政府不但对其过去既往不咎，对其发展还给予支持。叶利钦时期七寡头之一的阿列克别罗夫执掌的卢克石油公司至今仍是俄罗斯石油工业的一面旗帜，2004 年 9 月，普京政府决定向西方石油公司拍卖出售其在卢克公司中持有的股份，把它当做俄罗斯的一个开放窗口。对其他几位叶利钦时期的知名寡头，由于他们在普京上台后没有明显的干政行为，政府只对他们在经济上的违法犯罪行为予以惩罚，收纳国家经济权力。例如，2000 年普京政权迫使波塔宁向国库上缴 1.4 亿美元的罚金，以弥补他在抵押拍卖过程中因违反规则和条件而使国家遭受的损失。当时根据俄总检察院要求接受文件调查和查抄的特大公司还有弗里德曼领导的阿尔法银行集团、阿列克别罗夫的卢克石油公司以及俄罗斯天然气工业公司和伏尔加汽车制造厂等著名的企业。经过整治，俄罗斯寡头们基本上已纳入普京的有效控制中，国家在政治经济领域的控制力明显加强，叶利钦时期的寡头政治已经不复存在。

### 三　垂直化行政与地方利益集团规制

叶利钦时期，尽管依照 1993 年通过的俄罗斯新宪法，俄罗斯政治领域实行立法、行政、司法三权分立，但由于经济持续衰退，政治争斗不息，逐渐形成了总统集权的政体，后期寡头政治更加不具备行政改革的条件。转型过程中官员职责不清楚，约束制度缺失，官员贪腐严重。行政部门的工作仍然带有浓厚的计划经济时代的特点，政府职能转换明显不能适应市场经济的要求，行政能力低下，行政系统机构设置不合理、职权划分不科学。叶利钦执政后期，也意识到改革行政机构的必要性，曾试图进行行政改革，重组国家机关，并改变联邦政府、总统办公厅、地方政权机构的行政职能，建立一个精干高效和受社会监督的国家机关。1997 年出台的《行政改革构想》，致力于改革权力执行机构，但是由于触犯了官员的根本利益，受到了官员的抵制和反对。起草委员会决定修订《构想》，以期符合各方利益，但是修改后的方案还没来得及公之于众，俄罗斯就遭受了金融危机的巨大打击，叶利钦时期的行政改革就这样无疾而终。

普京执政后指出，俄罗斯政治制度"在许多情况下简直是阻碍改革"，"问题不仅在立法机关，也在执行机关的工作制度本身"，"这种制度保护的是得到所谓地方租金的权力，是保护受贿和违规，这种行政方式将对社会和国家构成威胁"。普京意识到不大刀阔斧地推行行政改革，不加强公务员队伍建设，俄罗斯就无法建立有效的国家权力体系，振兴俄罗斯的宏伟目标也就无从谈起。2000 年 5 月 17 日，普京在就职后第一次发表了《告俄罗斯公民书》，宣布开始对俄罗斯国家权力机关进行改革，在调整中央和地方关系的同时，普京积极采取措施转变政府职能，减少行政干预，促进经济活动自由。加快推行与市场经济相适应的公务员制度改革，以提高行政工作效率。2001 年 8 月，普京签署了《俄联邦国家公务员制度改革构想》，2002 年 8 月，普京签署总统令，具有过渡性质的《国家公务员公务行为准则》开始实施。2003 年 7 月，普京总统签署了关于采取行政改革措施的命令，授权组建政府行政改革委员会。总统令提出了一系列目标并据此制定如下任务：限制政府对经济活动的干涉，包括禁止过多的国家调控；清理联邦执行权力机关的重复职能及特权；发展经济领域的自调控组织系统；组织划分经济活动调控、监督检查、国家财产管理以及由国家组织向公民及法人提供服务的职能；完成联邦及其主体执行权力机关之间的权力划分过程，优化联邦执行权力机关的地方机关的活动。

行政改革后，联邦执行权力机关体系由联邦部、联邦局和联邦监督局组成。新政府由原来的 25 个部精简为 14 个部和 9 个联邦局。在俄新政府 23 个部和联邦局中，12 个部和联邦局归普京总统直接领导，这 12 个部和联邦局都是国防、外交、安全、内务、司法行政领域的重要部门。其他 11 个部和联邦局归俄政府领导，这 11 个部和联邦局都是国民经济和社会发展领域的重要部门。对普京总统直接领导的上述 12 个部和联邦局，俄政府仅实施一般领导。这次部门精简不是简单的合并，而是消除重叠职能，合乎逻辑地把以前被分解的、不成套的职能联合起来，以便克服以前职能重叠的弊端，减少作出行政决定的中间环节，进一步提高联邦执行权力机关的工作效率。在新的行政体系中，部的数量减少，但是规模扩大了，权力也大大加强。

从 1996 年 10 月开始，地方长官改由地方选举产生，联邦中央就丧失了对地方长官的任免权，丧失了对地方的控制权。地方经济上各自为政，壁垒林立，许多地方领导人还随意增加新的税种来补充地方财政，并把所有自然资源都看做是本地的财产；政治上违法现象相当严重，除乌德穆尔特共和国以外，其余 20 个共和国的宪法都程度不同地违反俄联邦宪法，有的甚至包含国家主权的内容。普京主张加强中央集权，遏制地方势力的发展。强调在"保留地方行政长官由选举产生的同时，应考虑加强垂直领导"，"使联邦中央有权解除地方长官的职务，使地方从属于中央，地方完全独立是不可能的"。在1999年普京任代总统时，地方又一次掀起分裂主义高潮，为遏制以车臣为首的地方势力，加强联邦国家主权，维护国家统一，普京亲临前线，指挥第二次车臣战争。2000年2月初，战争取得胜利，俄罗斯恢复了对车臣地区的控制。在竞选总统时，普京也强调要加强中央对地方的控制。5月，普京在宣誓就任总统职务后，针对叶利钦时期的积弊，大刀阔斧地改革俄罗斯的联邦体制，加强联邦主权。

首先是建立七个联邦区，任命总统"全权代表"。2000年5月13日，普京发布总统令，在俄罗斯建立七个联邦区。随后，普京为每个联邦区任命了总统，任命"全权代表"，授权代表处理地方与中央的关系，保障和监督总统政令在各联邦主体的执行。这七个联邦区的划分同七大军区相吻合，普京任命的七个总统代表有五人是强力部门的将军。12月下旬，普京又决定把总统办公厅地区管理总局2/3的职权移交给联邦区的全权代表。这一举措，大大加强了中央对地方的领导和控制。其次，勒令地方修改法令。2000年5月11日，普京致信巴什科尔托斯坦共和国总统，要求重新修改该共和国的宪法，使其符合俄联邦宪法。同日，普京发布总统令，宣布取消印古什共和国总统和阿穆尔州州长的一系列命令，理由是这些命令违反联邦法律。6月27日，俄宪法法院作出裁决，宣布废除6个共和国宪法中的"主权"条款，以及拥有境内矿藏及自然资源的条款。再次，采取分权措施，改组联邦委员会（上院）。普京认为，地方长官既是执行机关的领导人，又兼任中央立法机关的成员，这违反"分权"原则。同时，由于上院每月定期开会，有时还要加开特别会议，也使地方长官不能集中精力从事地方工作。2000年5月17日，普京发表电视讲话，宣布改革联邦体制。随后，向国家杜马提出三个法案。其中之一就是改变联邦委员会（上院）的组成。具体内容是：上院议员不再由联邦主体的行政长官和议会领导人兼任，而由地方选举的代表担任，使上院成为常设机构，使上院议员成为专职议员。原来的上院，是根据1995年12月5日国家杜马通过的法律，由89个联邦主体执行机关和立法机关的领导人组成的。普京的这一分权措施，大大削弱了地方领导人的地位和权力。最后，普京向国家杜马提出法案，要求赋予中央解除地方长官职务，解散地方议会的权力。普京认为，连俄联邦总统违反宪法都可以被解除职务，地方领导人当然更应如此。同时强调，地方领导人也有权解除下属机关领导人的职务。普京的这一措施，对地方势力形成了强有力的制约。

普京的上述改革举措，符合国家利益，切合民众要求，因而得到许多党派和社会舆论的支持。当时的民意测验表明，有72%的居民对普京的措施表示支持。俄共、团结运动以及国家杜马的多数议员，都明确表示支持普京。"右翼力量"联盟也表示有条件的支持。但是，由于改革触犯了地方利益，因此遭到了一些地方领导人的强烈反对，尤其反对改组上院，反对剥夺其上院议员的资格，因为这不仅使他们失去成为全国性政治家的机会，而且使他们失去议员人身不可侵犯的特权。莫斯科市市长卢日科夫说：没有必要改变上院的组成方式，总统的提案违反宪法，是"任意性决定"。印古什共和国总统阿乌舍夫说：这是对人民的不信任，会使俄罗斯倒退到19世纪。他认为，除了选民，谁都无权解除地方长官的职务。鞑靼共和国总统沙米耶夫说："如果触犯了现有的自由程度，将会引起公开的对抗，因为我们的社会已经不是原有的社会。"寡头政治家别列佐夫斯基甚至发表一封公开信，指责普京违反宪法，违反民主原则，是历史的倒退。他甚至宣布退出国家杜马，放弃议员资格，对普京的集权倾向表示抗议。由地方领导人组成的上院，对普京的提案进行顽强的抵制，拒绝加以通过。最困难的是联邦委员会（上院）的改组，普京的提案经过三次反复，才勉强通过。立法提案的内容也做了重大修改。同时，普京也做了适当的妥协，在地方领导人的强烈要求下，2000年7月28日，普京批准成立俄联邦国务委员会的建议，9月1日，普京下令组建俄罗斯联邦国务委员会。该委员会把89个联邦主体的行政长官都吸纳在内，卢日科夫、沙伊米耶夫和雅科夫列夫等七人还成为主席团的成员，由普京任主席，每三个月举行一次会议。通过这个机构，地方领导人可以同普京经常见面，参与国家大事的讨论和决策。

普京加强中央集权的改革使联邦在处理与地方的关系时，取得了主动权。但是，权力在地方和联邦之间的分配无时无刻不在变化之中。各地方拥有的，是经过十多年艰苦奋斗获得的许多特权，地方势力不会轻易放弃。最大的问题涉及宪法的修改。普京的改革举措，有一些突破了俄罗斯宪法的框架，如果不能及时修宪，回溯的压力就比较大。尽管如此，在俄罗斯这样一个具有中央集权传统的国家，遏制地方分立、加强联邦权力，仍然具有广泛的民意基础。

### 四 强力集团的崛起

普京执政时期，给予政权全力支持的强力集团迅速崛起，成为利益集团中重要的一极。这个集团是以原克格勃成员为核心的政治组织，在斯大林时期权力达到顶峰，之后在国内政治团体的地位逐渐退后，尤其是转型前期，"青年改革派"完全遵循西方的政府构架原则，对军队、安全部门等强力集团实行国家化，并可以限制其权力范围。该集团在追逐不切实际的自由主义和幼稚的民主主义的浪潮中，失去了用武之地，成为"最失意"的利益集团。但是该集团具有其他利益集团无法比拟的优势：组织严密、系统庞大、执行力强，坚持国家利益至上。普京上台，面临着经济社会混乱的复杂局面，尤其是在与寡头的斗争中，需要借助除了立法、行政之外的特殊力量，快速恢复秩序。强力集团作为普京政治权力的支撑点，辅助普京取得了对其他利益集团的绝对优势，普京也对该集团大力扶持：增加预算投入，提拔具有强力部门背景的人进入高层，交付管理国家公司的重要责任。

2004 年对强力部门的支出，在联邦预算非利息支出中的比重，由 2003 年的 30.5% 上升到 31.8%。2005 年预算中，强力部门的开支 9264 亿卢布，超出所有社会开支 4363 的一倍还多。据不完全统计，截至 2005 年，俄政府中有 1/4 的精英克格勃，超过 2000 个最有影响力的政府和行业机构控制在前克格勃手中。在普京任命的由 24 人组成的联邦安全委员会中，多数成员是前克格勃官员。内阁 12 个部长中，有 4 人属于克格勃。有 11 人兼任 6 家国家公司的董事长，12 人还分别是公司的董事成员。没有担任政府官职的纯粹的经济界人士阿列克谢·米勒（天然气工业股份有限公司总裁）、谢尔盖·伯格丹奇科夫（俄罗斯石油公司总裁）同样具有克格勃背景。

强力集团在普京的扶持下，迅速恢复活力，重新崛起，成为俄罗斯政治生活中举足轻重的一极。

# 第五节 小结

普京上台伊始就把实现经济快速增长，作为一切工作的中心，强调"达到必要的增长速度，不仅是经济问题，也是政治问题"。执政以来，阐述和践行正确的治国理念，整肃政治、发展经济、调整政策、完善体制，约束强势集团，赋予弱势民众正当的权利，改善社会关系，从政治经济文化上加强国家权力，重建国家权威，取得了令人瞩目的成就。国内外广泛的拥戴和好评，又使普京本人在俄罗斯获得了无人能及的权威。在向民主和市场前进的过程中，俄罗斯必须要面对的是：怎样改善俄罗斯严重依赖能源出口的产业结构、如何处理政府高官在国家公司兼职与腐败的关系，避免官僚寡头挟持政府，以及在推进民主进程中怎样面对政党体制中一党独大的问题？

# 第六章 梅德韦杰夫时期利益集团与转型目标推进

## 第一节 利益集团与"全面现代化"执政理念的提出

普京时期，经济上强化国家对国民经济的掌控；政治上加强垂直管理、调整中央与联邦主体关系，整肃寡头，修改制定法律、完善政党政治制度，遏制车臣分立倾向、维护国家统一，形成了鲜明的"可控民主"和"可控市场经济"的执政特色。然而，官员腐败、单一的依靠能源出口的产业结构仍然困扰着俄罗斯，政党政治也备受争议。经济效率和政治民主是国家和社会永恒的追求。2008 年，梅德韦杰夫上台执政，清楚地看到了国家面临的问题①。2008 年金融危机从经济领域逐渐蔓延到政治和社会领域，扩散成为政治和社会危机，从而迫使梅德韦杰夫必须直面上述问题。反映在其执政纲领中，就是梅德韦杰夫旗帜鲜明地提出了"现代化"的执政理念，以进一步推动政治经济转型。梅德韦杰夫的现代化既包括经济现代化，也包括政治现代化和社会现代化。即，经济领域调整产业结构、促进创新和自由竞争。政治和社会领域革除官员腐败、提高行政

---

① 梅德韦杰夫认为，当前存在的主要问题在于：简单地依靠原料出口来换取成品的习惯导致了经济长期的落后。长期存在的腐败，一直在吞噬着俄罗斯。现在由于国家过度参与到经济和其他社会领域中，腐败更加严重。社会中普遍存在家长式作风。缺乏主创性，公开辩论质量差，尤其是批评性的言论。公众往往以沉默来表示赞同和支持。反对意见经常是情绪性的、严厉的，同时也是肤浅而不负责任的。摘自：Дмитрий Медведев. Россия, вперед! www. kremlin. ru。

效率、加强政治竞争。

## 一　单一的能源结构与利益集团

单一的依靠能源出口的产业结构一直是俄罗斯经济的痼疾。普京时期，受惠于国际能源价格的上涨，依靠石油等原材料和初级产品的出口拉动，俄罗斯维持了较高的经济增长率。8 年间，GDP 增加了 72%，2007年增长率 8.1%，达到近 7 年来的最高水平。但仍然没能改变依赖能源出口、粗放落后的经济结构。燃料能源综合体占俄工业总产值的近 30% 和联邦预算收入的 32%，出口的 54%，外汇收入的 45%。其中石油开采在整个工业生产结构中的比重从 1992 年的 9% 上升到 2004 年的 12.1%，2004 年俄罗斯经济增长的 70% 来源于石油价格的上涨。在重轻工业结构中，重工业占工业总产值的比重从 1992 年的 76.6% 提高到 2004 年的79.9%，而轻工业和食品工业占工业总产值的比重从 1992 年的 19.7% 下降到 2004 年的 16.8%。这一比重，2005 年达到了 61%，2006 年进一步升至 68.5%，2007 年略有下降，但仍然高达 67%。这样的产业结构和出口结构不仅会耗竭不可再生的自然资源，而且使俄罗斯经济直接受外部因素的左右而产生频繁波动，特别在能源价格下降时，经济将会承受较大风险。另外，对工业制成品的大量进口压制了本国制造业，尤其是不利于中小企业的发展，不利于创新和自由竞争。更进一步的弊端在于，这样的出口结构使俄罗斯在国际垂直分工体系中处于最末端，从而陷入"比较优势"陷阱。如果说转轨初期俄罗斯经济恢复性增长阶段，这样的产业结构和出口商品结构尚有一定必然性和合理性的话，那么，在进入 21 世纪后，如果不改变这种畸形、落后的产业结构，不仅俄罗斯经济难以实现稳定、持续、快速发展，而且会在国际分工和世界贸易格局中出现被逐渐边缘化。2008 年爆发的全球性金融危机，迅速波及俄罗斯，俄罗斯经济遭受重创。2009 年俄罗斯 GDP 下降 7.9%[①]。金融危机使俄罗斯

---

①　全球金融经济危机对俄罗斯经济造成了严重打击。2009 年实现 GDP 39.1 万亿卢布，比 2008 年减少了 7.9%，投资减少 16.2%，工业减产 10.8%，其中加工业衰退 16%，冶金行业衰退 13.9%，机器和设备生产下降 28.4%，运输工具和设备生产减少 38%。2009 年失业人数比 2008 年增加 87.3 万人，达到 616.2 万人，而危机前的 2007 年只有 424.6 万人，其中登记失业人数 2009 年同比增加 41.1%，达到 214.7 万人。2009 年进出口总额 4958 亿美元，只有 2008 年的 64.9%，其中出口 3040 亿美元，比 2008 年减少 35.5%，进口 1919 亿美元，减少 34.3%。

经济的软肋暴露出来：单一的以能源出口的产业结构、脆弱的银行体系、地区间差距拉大，区域发展不均衡。企业创新能力不足，自由竞争的环境较差。

受危机影响最早和最严重的是官僚寡头控制的能源产业。在危机的最初阶段，银行借贷的冻结和莫斯科股票交易所的崩盘（2008 年 5—10 月间暴跌了 80%）从两方面袭来，俄罗斯 25 个最富有者总共损失了 2300 亿美元。俄罗斯为了救助这些能源企业，宣布了一个 500 亿美元的救援计划，为到期债务提供融资帮助。救援计划的最大受益者是官僚寡头控制的能源公司，以及为这些公司提供贷款的外资银行。俄罗斯铝业公司（Oleg Deripaska's RusAl）就是其中的一员，它接受了 45 亿美元贷款，偿还了许多银行的辛迪加联合贷款，这些银行有美林证券（Merrill Lynch）、苏格兰皇家银行、法国巴黎银行（BNP Paribas）；阿尔法集团（Mikhail Fridman's Alfa Group），获得了 20 亿美元来偿还德意志银行的贷款。为了缓解财政困境，2009 年 1 月，金属矿产业寡头向梅德韦杰夫总统提议，要求将包括一些俄罗斯最大的矿业和工厂在内的资产合并成国家控制的企业联合体，而作为补偿，由政府支付它们的债务。尽管这一提案无果而终，却让梅德韦杰夫深刻感受到了来自经济结构和官僚寡头的压力。

## 二　行政效率低下与官员腐败

从苏联直至俄罗斯，效率低下的行政体系饱受国内外诟病。究其原因，还在于久治不愈的官员腐败。从苏联时期的官僚特权腐败，到叶利钦时期在政治经济混乱中腐败登峰造极，它吞噬了经济社会的发展成果，对政治经济造成了严重危害。有人甚至认为其堪比恐怖主义[①]，是将俄罗斯引向分解的重要消极因素。俄罗斯腐败范围之广、程度之深，以至于叶利钦之后的俄罗斯领导人普京和梅德韦杰夫不约而同地把反腐作为工作重心之一。普京上任伊始，便高举反腐大旗，反腐的重点在割断寡头与政治，尤其是与议会的联系。在第一个任期之内，普京连续掀起两次大规模的反腐行动，第一次是从 2001 年秋季开始的"反贪风暴"，第二次是从 2003

---

①　俄罗斯反腐斗士、原总检察长乌斯基诺夫指出，"腐败与恐怖主义一样，是俄罗斯的大害"。

年 6 月开始的"猎狼行动"。在第二个任期开始后，普京继续加大反腐力度，并开始注重制度建设。根据普京的指示，俄罗斯经济发展和贸易部相继推出了 100 个长期或短期的根除行贿的措施，2004 年 3 月，成立俄罗斯国家反腐败委员会。2006 年 5 月 10 日，俄政府批准了《联合国反腐败公约》，成为第 52 个批准该公约的国家。但是，普京时期的反腐成效并不明显，似乎还呈日趋恶化的趋势，国际反贪组织公布的调查显示，2001年以来，俄贪污受贿案增加了 7 倍。该组织在 2004 年对 60 多个国家所做的调查中，世界各国的平均贪污水平为 10%，而俄的贪污水平却达到世界平均水平的 2 倍多，为 20%。在对全球 180 多个国家政府清廉程度的排名中，俄政府由 2003 年的第 86 位，一路下滑到 2008 年的第 147 位。据俄罗斯总检察院 2004 年的初步估计，俄 80% 以上的官员有腐败行为。2007 年 12 月 12 日在回答美国《时代》周刊记者提问时，普京回答"腐败问题我们解决得不成功，也未能控制住局势"。据俄反贪污组织 2010 年8 月 17 日发布的最新材料，俄官员贪污金额总数已占 GDP 的 50%。腐败不仅大面积扩张，还向纵深发展，从经济领域蔓延到立法和执法机构内部。

### 三　政党政治与利益集团

普京时期，在政党政治建设中，普京采取扶植政权党、成立社会院、颁布《非政府组织法》、《政党法》等法律行政手段，对公民社会的发展实施有效监管。使叶利钦时期出现的寡头政治、中央权力分散和错综复杂的横向相互依赖关系逐渐被"统一俄罗斯党"一党独大的多党制和垂直化行政所取代。普京时期，政治稳定、经济上大幅提高社会保障和工资水平，在培植政权基层支持力量的同时，俄罗斯的中产阶级也在悄然兴起。俄罗斯科学院社会学研究所与弗里德利赫·艾比尔特基金会对俄罗斯中产阶级状况进行了研究。在研究报告《当代俄罗斯的城市中产阶级》中指出，当代俄罗斯属于"真正的"中产阶级（完全符合综合条件）的人占所有居民的 20%—25%。还有许多初级中产阶级（约有 60%），但这些人只具备中产阶级的一部分特征。尽管俄罗斯的中产阶级并没有西方国家的中产阶级规模那么大、实力那么强，但是也已经是不容忽视的利益集团了。这个集团在政治民主、经济自由、社会公平方面有更高的要求。而俄罗斯政府当局显然还没有充分认识到这个新的利益集团与社会中低层在利益诉求上的差异。由于成长过快，甚至连这个集团本身尚没有建立代表性政党或其他常规性的表达渠道，所以往往以街头政治表达诉求。

2008 年全球性金融危机传导到俄罗斯，与快速成长起来的俄罗斯中产阶级非理性表达相结合，引发了频繁的街头政治。危机爆发之前，俄罗斯社会两极分化严重，收入差距从 1992 年的 8 倍扩大到 2007 年的 16.8 倍，基尼系数从 1992 年的 0.29 上升到 2007 年的 0.42。严重的收入分配差距不仅制约了国内消费的进一步提升，制约了经济增长，而且诱发了社会的不满情绪。及至危机期间，由于卢布大幅贬值导致进口商品价格上涨，而俄罗斯消费品又严重依赖进口，俄罗斯的通货膨胀率持续走高，2008 年全年的通货膨胀率为 13.3%。

通货膨胀使居民消费价格上涨，生活成本提高。自 2009 年 1 月 1 日起，莫斯科居民天然气价格上涨 25%，对居民生活影响最大的食品价格上涨 16.5%。俄居民收入多年来首次下降，工资拖欠问题严重。2008 年 11 月居民（包括在职职工、退休人员、个体业者等）平均收入只有 15509 卢布，同比下降 6.2%。这也是近年来俄居民收入的首次下降。与此同时，企业拖欠工资问题加剧。至 2008 年 12 月 1 日，俄各类机构和组织拖欠工资总额为 77.65 亿卢布，比 11 月 1 日增加 37.41 亿卢布，增幅为 93%。

危机加重了失业。截至 2009 年 2 月 24 日，俄罗斯正式登记的失业人口数量为 189 万。居民对政府处理经济问题不力造成他们生活水平下降严重不满。2009 年 2 月开始，俄罗斯全国数十个城市爆发了反普京政府示威游行，最著名的是 6 月份皮卡雷沃（Pikalyovo）小镇事件。示威者认为，普京政府应对经济危机的能力和措施欠佳，造成俄失业率上升、通胀加剧、物价上涨等严重问题。

就普京政府信任度问题，俄独立调查机构列瓦达 2 月 2 日公布的民调显示，39% 的人认为，政府无力解决居民收入下降的问题。23% 的被调查者认为政府无法解决国家面临的经济危机，27% 的人认为政府无法保障居民就业或不关心居民的社会保障问题。

如何尽快摆脱金融危机，或减小危机对俄罗斯经济和社会的冲击，是对"梅普组合"的重大考验。尽管普京政府快速回应了民众的诉求，将最低工资上调了 88% 以上，从每月 2330 元卢布增加到了 4300 卢布。普京还亲临现场，公开严惩亿万富翁德里帕斯卡，责令其在当地的水泥厂开工并支付正常的工资。但是，没有正视中产阶级利益诉求、疏通其表达利益渠道，街头政治就将再次出现。

2010 年 1 月底，在西部的加里宁格勒发生了第一起严重事件。自 2009 年 12 月发生了 5000 名抗议者的聚集事件后，1 月份大约 1.2 万名愤怒的抗议者走上了街头。民众要求普京立即辞职，一个互联网的征集签名活动也支持这一运动。3 月 20 日被称做"愤怒日"，全国 50 多个城市爆发了示威事件。梅德韦杰夫对此已有了一定的认识："（俄罗斯）民主体制已经基本形成并趋于稳定，但是其效果非常不理想。民间社团薄弱、自我组织和自我管理水平不高"。

# 第二节　全面现代化战略中的利益集团

## 一　经济现代化

梅德韦杰夫 2009 年发表文章指出："全球经济危机表明，我们的情况远没有那么好。二十年激烈的改革没有让我们的国家从令人羞辱的原料依赖中摆脱出来。目前我国的经济，有着前苏联经济中最为严重的缺陷，那就是在很大程度上对人的需求的漠视。除了少数例外，我们的民族企业，没有创新，不能为人们提供必需的物质产品和技术。他们进行买卖的，不是自己生产的，而是天然原料或者进口商品。俄罗斯生产的产品，目前大部分都属于竞争力非常低的商品。"① 而 2010 年 1—9 月经济增长了 3.4%，主要原因是能源价格上涨，俄罗斯已经将这种资源型的经济带入了 21 世纪。在世界经济论坛发布的全球竞争力排行榜上俄罗斯从 2008 年的第 51 位下滑到了 2009 年和 2010 年的第 63 位。这样一种严重依赖外部市场的单一落后的经济模式，缺乏竞争力和可持续性，存在着潜在的危机。内部而言，对就业、产业结构平衡、地区和行业收入差距扩大、社会稳定、国家经济安全等都带来负面影响。而且，这种经济发展模式还具有

---

① Дмитрий Медведев. Россия, вперед! www.kremlin.ru.

自我强化的机制①。梅德韦杰夫提出，争取用 10—15 年的时间实现俄罗斯经济发展方式由资源型向创新型的根本转变，推进国家经济现代化，尤其是推进高科技产业，节能、信息、航天、核能、医药等领域的现代化，实现经济多元化。为此，2009 年 5 月，梅德韦杰夫签署总统令，成立亲自挂帅的经济现代化和技术发展委员会。委员会的工作方向集中在打破垄断和培育创新上。

第一，对垄断性企业进行结构性改革。梅德韦杰夫 2010 年 6 月在圣彼得堡国际经济论坛上发表讲话，认为目前国有部门的比重太高，必须将战略企业数量削减到原来的 20%；战略性股份公司从 208 个减少到 41 个；联邦独资企业从 230 家减少到 159 家；计划在 2011—2013 年间对 11 家"重量级"国有企业和国有银行进行部分私有化，涉及金额 200 亿—300 亿美元。这是二十年来俄罗斯展开的第二轮规模巨大的国有资产私有化。必须吸收私人企业参与现代化进程，国家的作用在于为本国和外国企业创造良好经营环境和诚实竞争环境。

第二，完善国家治理结构，大大简化政府对投资项目的审批程序，对创新企业和新技术项目实行优惠的税收政策。对创新领域的企业实行大幅度的税收差距，对经济犯罪进行调查和限制。

第三，现代化任务的核心，就是要创造一个研发和投资的良好环境。通过补贴的方式建立长期有效机制吸引著名专家、企业家等优秀人才，对创新企业提供融资扶持。建立公私合营投资基金，以私人资本补充国有资

①　摆脱当下俄罗斯的原料经济发展模式，虽说俄罗斯国内对此早已基本达成共识，但真正解决起来难度很大。首先是经济原因。同时，石油价格的一度飙升也促使了石油等能源部门的投资、产出及出口的增加，导致石油等能源原材料对 GDP 和财政税收的贡献不断增加，相应的，俄罗斯经济对这些部门的依赖也随之大为增强。此外，依赖能源原材料的增长模式的形成和发展还有其深刻的政治原因。无论是苏联时期的 20 世纪 70 年代，还是叶利钦乃至普京时期，能源原材料都是国家财政的最主要保障，也是各项社会政策的最大资金来源，更是国家实施外交政策的重要工具。普京执政期间俄罗斯在经济增长率提高、经济总量扩大、世界排名前移、黄金外汇储备以及外资流入增加、国家债务减少、证券市场市值上扬等诸多方面均有建树，但原料经济的传统发展模式却没有得到实质性的改变。一个主要的制约因素是，如果抑制或减少能源原材料部门的发展，则意味着减少财政收入，也就意味着提高养老金、建立母亲资本、增加失业救济金等社会支出计划将极大地受到限制。尽管都声称要摆脱原料经济的束缚，但要真的采取行动，放弃能源原材料部门的优势，事实上是相当困难的。程伟、殷红：《梅德韦杰夫"去斯大林化的现代化"评析》，《俄罗斯研究》2010 年第 3 期。

金，吸引战略投资者并对其投资项目进行融资。

第四，从 2011 年开始将对预算政策作出重要调整。重点放在具体项目的实施上，例如扩大政府支出用于提高经济和公用设施能源效率、基础科学和应用科学研究，发展高等教育和落实各种创新项目。优先发展的几十个重点项目已经开始实施。2010 年 5 月，现代化委员会批准了涵盖计算机、核技术、航天、医疗技术和能源效率五大方向的 38 个项目和建设斯科尔科沃创新中心的预算表。

第五，建设莫斯科国际金融中心，推进金融服务业发展，加强建设具有全球竞争力的国家金融体系。

第六，建设"俄版硅谷"，集聚智慧资本。优先发展能源、生物技术和核能技术等。

第七，设立经济特区，吸收先进技术和资金。积极融入经济全球化和地区经济一体化，以国际竞争促进俄罗斯现代化。

## 二　政治和社会现代化

梅德韦杰夫多次在谈话中指出，现代化不仅仅是经济现代化，还应该包括政治现代化和社会领域现代化。

2010 年 9 月，在雅罗斯拉夫尔世界政治论坛会议上会见政治学家时，梅德韦杰夫指出，俄罗斯的现代化包括经济、社会和政治诸领域并且是势在必行的。同时，他还强调，民主是俄罗斯国家以及俄罗斯经济和政治制度发展的条件。

2011 年 4 月，在接受中国记者采访谈到俄罗斯发展和改革问题时，梅德韦杰夫再次明确阐述了政治现代化问题："我的方针就是经济现代化和政治生活现代化"[1]。

梅德韦杰认为，现代化"可以实现最基本的政治自由，比如言论和集会自由；可以让腐败的温床得以查明并消除"。并且展望"俄罗斯的政治制度将十分开放、灵活，并将进行内部整合。它将充满动感、活力、透明，它将适应多维的社会结构，适应享有自由、保障、批判性思维和自信的人们组成的政治文化"。

梅德韦杰夫促进政治和社会现代化，主要体现在改革政党政治、整治

---

[1]　10 Сентября 2010 года. http：//news. kremlin. ru/transcripts/8882.

腐败、强调司法独立、调整地方和中央关系、促进公民社会建设。

（一）改革政党政治

梅德韦杰夫执政以来，坚持依法治党，签署了一系列法律，降低政党的组建标准，提高对政党的资金支助，放宽政党参政议政的条件，启动总统与各政党领导人的直接沟通，发展俄罗斯政党政治。梅德韦杰夫在2008年9月所作的国情咨文中，提出了十条立法倡议，这些倡议几乎都变成了法律，主要有：《俄罗斯联邦公民选举权和参与全民公决基本保障法》、《议会政党普遍由国家电视和无线电频道平等阐释其活动保障法》、《提高俄罗斯联邦会议国家杜马选民代表性而对俄联邦若干法规做出修改法》等。这些法律的颁布和执行，缓解了一些政党尤其是小党的资金困难，理顺了其参政议政的渠道，扩大了政党和地方立法机构的权力，能有效促进政党之间的公平竞争。特别是，总统与各政党负责人的直接沟通，有助于前置性地协调执政党和各在野党的目标和行动，共同克服国家面临的困难，也避免政党之间形成破坏性的尖锐冲突。梅德韦杰夫表示，作为国家元首，他应与所有社会政治力量进行经常性的对话与交流，就国家管理和政治发展听取他们的意见与建议，而且责成所有执行机构关注和重视该建议。

从2008年开始，梅德韦杰夫分别邀请俄共主席久加诺夫、自民党主席日里诺夫斯基和"公正俄罗斯"党杜马议员团主席列维切夫等会面，听取各党对政府工作的看法，并建议和安排他们分别在各自擅长的领域做工作，如委托俄共参与制定有关反腐败的法律，期待自民党在解决居民个人住房方面建言献策，要求"公正俄罗斯"党在地方自治机关干部培养方面下工夫。梅德韦杰夫还不止一次在其巴尔维哈的官邸集体会见国家杜马各议员团负责人，同他们讨论反腐败、国家法制建设等各方面重大问题，希望各政党充分了解民意，为国家发展提供相配套的法律法规。

2009年，俄罗斯经济下滑明显，为了应对经济危机，梅德韦杰夫相继再次大范围会见"统一俄罗斯"党、"公正俄罗斯"党、俄共和自民党领导人及其关键议员，听取其就政府在反危机方面采取措施的意见和各党草拟的反危机计划，他要求各党，尤其是左翼政党与政府共克时艰。梅德韦杰夫更重视执政党与其他各政党、尤其是议会政党之间的合作，双方也建立了比较顺畅的沟通渠道。梅德韦杰夫冀望"政党将进行长期文明的政治竞争；将同选民们展开负责任而内容充实的相互协作；将进行各政党间的合作并对最为尖锐的社会问题寻找到折中的解决方案；将把社会的各个部分、各个民族、各个民间团体和广泛权利下多样化的俄罗斯国土整合到一个政治整体中"。"在政治团体的公开自由竞争中，俄罗斯的政治体制将得到革新并完善。在对外政策、社会稳定、民族安全、宪法准则、保卫国家主权、公民权利和自由，保护财产所有权、反对极端主义、支持民间社团机构、各种形式的自我管理和自治等所有战略性问题上，各党间将保持协商一致。这样的协商一致存在于所有现代的民主当中。"

（二）调整地方和中央关系

2010 年 12 月 27 日，在俄罗斯联邦国务委员会与实施国家优先项目和人口政策委员会的联席会议上，梅德韦杰夫谈到了俄罗斯的民族矛盾和民族关系问题。他指出，不解决各民族和平共处的问题，就不可能有俄罗斯国家的生存和发展。他责成各地区领导人亲自负责民族和宗教关系问题以及培育宽容和法制文化问题。同时，他要求执法机构严厉地制止挑动民族冲突的企图，要求当局代表表现出客观性和公正性，维护全体人民的利益而不是个别民族的利益[①]。他还首次提出，在某个时候，重新实行地方长官选举制将是明智的，以使 89 个地区的人们在本地区治理上掌握更大的话语权。"我认为这并非今天或明天议程上的一个问题，但这个问题并未结束。"

（三）整治腐败

针对根深蒂固的腐败，必须依靠制度，建立长效的反腐机制。梅德韦杰夫显然深刻地认识到了腐败的破坏作用，在执政之初就主持召开反腐专题会议。指示成立由总统直接领导的反腐败委员会，提出了今后俄罗斯反腐计划重点和步骤：出台《反腐败法》，同时完善相关立法工作，弥补现行法律中的漏洞；要加大在经济和社会领域打击和预防腐败的力度，从根本上减少滋生腐败的条件；要在全社会宣扬反腐败的意识，使人民树立相应的法律观念。

2008 年 12 月，梅德韦杰夫签署了《反腐败法》和一系列相关法律的修正文件，意味着俄罗斯进入了制度反腐阶段。《反腐败法》界定了"腐败"的概念，明确了反腐败的主体和组织机制，规范了各级政府机构官

---

①　张盛发：《试析普京与梅德韦杰夫分歧》，《俄罗斯中亚东欧研究》2011 年第 4 期。

员（包括央行职员）的基本行为准则，权利、责任和义务，包括官员财产申报制度、离职后在非政府部门任职的规定、腐败行为的惩罚等。梅德韦杰夫反腐的重点在于切断政府高官与国有企业的关系，他严厉批评"国家资本主义"，认为由政府高官控制的国家资本主义容易产生腐败，一些学者也持有相似的观点。

梅德韦杰夫承认，在20世纪90年代苏联解体后的动荡局势下，克里姆林宫有必要对经济进行强力干预①。但他认为，政府如今的作为正在使私营部门窒息，国家公司正在抽走经济活力的血液，那些掌握国家公司的政府高官是"佩戴肩章的狼人"，腐败已成痼疾，并警告那些高官远离国家公司。在2011年3月，俄罗斯总统梅德韦杰夫在马格尼托哥尔斯克经济现代化会议上宣布政府高官退出国有企业管理层，以利于公平竞争，改善俄罗斯的投资环境。随后，俄罗斯总统办公厅便发布正式的书面政令，要求目前在17家大型国有企业任职的三名副总理级、五名部长级高官在7月1日前全部辞去在企业中的兼任职务。俄罗斯媒体将这项措施称为"禁官令"。商业代表和自由主义者对此表达了支持意见。

然而，2011年8月29日，俄罗斯总统助理阿尔卡季·德沃尔科维奇透露，俄第一副总理维克托·祖布科夫不会离开俄罗斯天然气工业股份公司董事会，何时离开将会根据公司利益作出决定。此番表态不仅是对"禁官令"的回应，更是俄罗斯领导集团内部意见分歧、权力相互作用的体现。

### 三　执政理念与结果偏差分析

梅德韦杰夫和普京虽然都主张通过现代化实现强国富民。但是对现代化，却赋予了不同的内涵。梅德韦杰夫的现代化是私人经济主导、政治民

---

①　2005年7月，俄《独立报》就刊发过一篇引起国际社会广泛关注的文章，称普京的7名侧近人士控制着近2200亿美元的资产，相当于俄年国内生产总值的40％。以"尤科斯事件"为标志，普京治理下的俄罗斯经济就开始向国民经济占主导地位的传统回归，越来越多的俄高层官员同时出任国有或者国营大公司董事长等要职，直接介入对国家经济的管理。普京当局认为，俄政府高级官员到大型国有企业兼职，既是政府履行经营国有资产的责任，也是保障国企忠实执行政府经济政策的有效组织措施。据统计，目前普京权力核心圈内至少有一些高官共同控制着俄罗斯最大也是最赚钱的国有或国营大公司，从而在垄断本行业的同时控制了俄的国家经济命脉。在总统的行政部门中，有11人先后兼任国有公司的董事长，6人还分别是公司的董事成员。另有12位高官担任了15家国有公司的董事长，并分别享有6个大公司的24个董事席位。杨成：《新官僚利益集团的崛起与俄罗斯特色的资本主义》，《当代世界》2008年第2期。

主、政党多元、联邦和中央权力合理分配。普京的现代化是国家资本主义、可控民主、一党独大、联邦垂直管理。有学者将前者定义为"自由主义现代化",后者定义为"保守主义现代化",拥护"自由主义现代化"的谓之"中左派",拥护"保守主义现代化"的谓之"中右派"。

两种现代化的较量结果,由总统和政府的权力结构决定。俄罗斯威权政治传统下,历来都是强势总统,弱势政府(总理),这种权力布局得到了《俄罗斯宪法》的确认。叶利钦任期内,六次走马灯似的更换总理,更是凸显了这一权力结构。但是,在梅普组合下,似乎呈现前所未有的权力平衡状态。梅德韦杰夫拥有宪法赋予总统的超级权力,但是这种权力却受到了来自政府的牵制。

普京八年执政期间创下的辉煌业绩为其赢得了无人能及的威望,更为实际的是,普京出任议会最大党——"统一俄罗斯党"党首,普京方面不仅在政府而且在议会占据绝对主导地位,除了行政权之外还拥有立法权。总统的倡议能否原汁原味、不打折扣地落实到法律上,总统令的执行都依赖于议会立法和政府行政。由此看来,在梅普组合时期,总统相对处于弱势。

梅德韦杰夫的政治现代化意味着打破现有的政治垄断、一党独大的局面,实现政治上的多元竞争。这样做可能会破坏现有稳定,但不实行政治现代化又很难解决阻碍俄罗斯现代化进程的腐败、官僚主义等问题。在梅德韦杰夫看来,稳定是国家现代化和发展的必要条件,然而只有致力于变革的政治制度才是坚固和稳定的制度。他认为,必须改进政治体制,为反对派创造更多机会。但是,2011 年 4 月,普京在政府工作报告中明确表示,俄罗斯不应有任何突变和建立在毫无根据的自由主义或蛊惑性宣传基础上的草率试验。

尽管梅德韦杰夫在评价其执政绩效时认为,他帮助俄罗斯安然度过了动荡的全球金融危机时期,遏阻了失业率上升势头,俄罗斯经济以年均4.5%的速度增长,虽然低于中国和印度,但高于美国和欧洲。并且在2008 年格鲁吉亚战争中坚决捍卫了国家利益。但是,许多选民和分析师还是指出,他上台后在推行改革方面只取得了零碎的成绩。

事实上也正是如此。梅德韦杰夫的改革在推进的过程中,遇到了重重困难。原因在于,俄罗斯存在多股相互竞争的势力,包括实业界和金融界的一些实力雄厚的帮派，他们要维护既得利益，势必反对梅德韦杰夫的许多改革。西方一些分析人士也怀疑，以俄罗斯安全部门为基础的强硬派是否赞同和执行梅德韦杰夫提出"自由主义现代化"①。普京时期，政府高官迅速填补了叶利钦时期的寡头们腾出的空白，在有关领域，特别是能源领域，占据极大的市场份额。这些由俄罗斯现任高官担任管理者的企业，"天然地"就获得大量行政资源和竞争优势。这种官僚寡头一体的现象普遍存在，特别是在日益敏感的能源外交方面，俄罗斯能源国企实际上承担了大量微妙的"政治任务"，从中俄石油管线铺设，到最近邀请中印加入北冰洋石油勘探开采。其特殊的地位，使得国际资本要接近俄罗斯能源，必须经由这些政府高官控制的国有企业。梅德韦杰夫发布"禁官令"，要求这些高官辞去职务，必然遭到其抵制和反对。

梅德韦杰夫的"自由主义现代化"不仅遭到了来自"统一俄罗斯党"内部的消极抵制，而且招致党外重要力量的批评，俄共等在野党批评"自由主义现代化"过于"天真"。

首先，现代化取决于俄罗斯总体的政治环境。梅德韦杰夫的"全面现代化"战略是一项巨大的社会改革规划，需要具有高度向心力且运作良好的政治运行系统。但任何一项改革都无法脱离当时的社会现实。尽管梅德韦杰夫的现代化倡议得到了不少民意支持，但俄罗斯庞大的官僚体系和既得利益集团成为改革能否深入推进的关键性因素。削减20%的公务员和对国企进行"重新私有化"的决定直接触及各级官员和官僚资本的利益，其反作用力不可低估。尽管梅德韦杰夫对腐败深恶痛绝，并发誓要铲除这一"毒瘤"，但官僚体制的庞大惰性可能会让改革步履维艰。

其次，即使总统成功地把一些政府高官逐出了大企业的董事会，又如何保证他们的继任者中立、独立和廉洁奉公。

最后，完全阻断俄罗斯国企在外交方面发挥的微妙作用，对政府而言，其利一定会大于弊吗？中右势力在更深层次上心怀忧虑，认为梅德韦杰夫的施政风格与苏联后期的米哈伊尔·戈尔巴乔夫极其相似：本想重塑体制，无意中却破坏了体制的根基。

---

① 马克·梅迪什：《俄罗斯在哪儿?》，《纽约时报》2010年6月23日。

# 第三节　发育成长中的中产阶级与俄罗斯发展道路的选择

**一　俄罗斯利益集团分化重组与中产阶级的发育**

从苏联到叶利钦时期、普京时期（2000—2008 年），社会集团不断分化重组，由苏联初期权力区别不大的"两阶一层"逐渐分化为苏联中后期处于支配和被支配地位的"管理者集团和劳动者集团"，直至苏联解体，经济领域的急遽"自由化"、"私有化"和政治转型的不可逆转相结合，催生了叶利钦时期的金融寡头。

普京时期，"可控民主"、"可控市场经济"与威权政治相结合，金融寡头消解，强力寡头崛起。如果说俄罗斯早在苏联斯大林时期就存在"中产阶级"，那么也就是"两阶一层"中除去高等级官僚后的群体，只能称为"中间阶层"。这一阶层尽管在经济上有一定保障，但是政治和意识上被强制。

戈尔巴乔夫改革及之后叶利钦时期向资本主义的转型，经济自由化、政治多元化、意识开放化为中产阶级的萌芽和发育提供了土壤，尽管其以社会的公平和秩序为代价，呈现野蛮和混乱的一面。一部分专家、学者、教师、艺术家被甩出中产阶层，落入经济困窘的下层。中小企业主、管理者、专业人员、中层官僚、中高级军官构成了转型时期俄罗斯的中产阶级。

普京时期坚持向市场经济转型，"可控民主"和"可控市场经济"保证了政治经济环境的稳定和连续，特别是梅德韦杰夫时期"全面自由化"促进了经济自由化、政治和意识的包容性，中产阶级在此环境中队伍不断壮大、价值观内容逐渐丰富。

俄罗斯科学院哲学研究所社会文化变迁研究中心从 1990 年开始，相继在 1994 年、1998 年、2002 年、2006 年就俄罗斯中产阶级形成情况进行了相应的研究。研究表明，在 20 世纪 90 年代中期俄罗斯中产阶级开始形成，其社会地位在精英和广大工人之间，他们具有积极的经济行为和劳动动机、具有拥护市场经济、拥护国家按民主道路发展等特征。中产阶级一开始增长的数量并不大，后来随着经济的增长、第三产业（服务业）的发展和信息技术的扩展，这一阶层的数量呈现加速增长的态势①。俄罗斯中产阶级在转型期间形成，成就了自身独有的特征。

自 20 世纪 90 年代以来，多种经济成分取代了单一的国有经济，俄罗斯基本的社会结构也在发生改变。E. Д. 伊吉特汉尼扬以财产关系、劳动自主程度、物质生活状况、参与权力关系和社会的自我认同等标准对 90 年代以来的社会进行重新划分，除去突出在社会顶端的金融寡头和强力寡头之外，社会共分为四个集团：经济领导人、国有企业职员、城市技术工人、农业技术工人和城市非技术工人。

俄罗斯另一位社会学家 H. E. 洪吉诺娃则认为，转型时期俄罗斯的社会总体可以分为中产阶级、基本阶级和低端阶级，每一个阶级又可分为两层。中产阶级分为富裕阶层和有保障阶层；基本阶级分为"中等有保障阶级"和"低保阶级"；低端阶级分为"贫困阶层"和"赤贫阶层"。俄罗斯社会两极分化正是体现在前三个阶层与后三个阶层的分化上。

俄罗斯科学院社会学所的学者 E. T. 戈连科夫（1999）调查指出，居民认为影响社会分层的因素排序是：权力、收入、财产、非法行为、教育、天才和天分、职业、出生和民族。

俄罗斯阶层之间的认同感普遍较低。调查结果显示，31% 的人认为阶层之间是相互对立的，63.8% 的人持中立态度，只有 5.2% 的人认为阶层之间关系是友好的。"非法行为"在影响因素中排位靠前和阶层认同感低，都表明俄罗斯社会内部存在实质性的不稳定。俄罗斯中产阶级作为社会新生集团正是在这种不稳定中发育、成长。

从社会人口角度来看，中产阶级与其他群体是有差别的，这些差别具体体现在年龄构成、教育程度、拥有的权力资源和就业等方面。从年龄构成来看，与俄罗斯总人口状况相比，多数中产阶级较年轻，其中 45 岁以下的比这一年龄段在总体俄罗斯居民中的比例高 19%，55 岁以上的则比全体居民的这一比例少两倍。

（1）行业分布。中产阶级的就业率很高，50% 以上的"中间人物"

---

① ［俄］别利亚耶娃·柳德米拉·阿列克桑德罗夫娜：《当代俄罗斯中产阶级的发展状况及其特征》，庄晓惠编译，《江西社会科学》2012 年第 2 期。

在私企工作，其中6%有自己的公司，1/3以上有下属。据俄罗斯统计委员会的资料：多数调查对象在国有部门工作，这些调查对象中有54%的人属于中产阶级，其中60%是边缘中产阶级。资料表明，近十五年来，俄罗斯中产阶级在国有经济部门工作的人数减少了，而个体工作人员增加了，也就是说在私有化部门或私有企业工作的中产阶级人数增加了，在这类部门工作的中产阶级大约占35%。中产阶级最明显的特征是具有独特的劳动行为（技能）。工业部门（包括电力部门）中的中产阶级特别多，在交通和建筑部门的占22%，教育行业的人也较多，占16%，军队和权利保障部门的占13%，在商业部门的占11%。农村和农业部门的比例不高，占1%，在住宅公用事业部门和科学以及科学服务部门的占3%[①]。中产阶级的特征之一就是劳动的自主性强。

（2）地域分布。研究结果显示，俄罗斯中产阶级基本上都居住在大城市里，住在城镇和农村的中产阶级数量比大城市的少一倍。中产阶级的上层也就是上述的富裕阶层大多居住在首都、百万人口以上的大城市，下层（有保障阶层和中等有保障阶层，边缘阶层）分布在各中小城市和村镇。

中产阶级内部的社会层次也是不一样的，收入水平的不同是内部分层的主要原因，根据相应的收入水平可以把他们列入不同的层次。这种非一致性在当代社会中非常重要，根据它可以确定哪些人属于中产阶级上层和哪些人属于中产阶级下层。结果显示，其中属于中产阶级上层的20%多，近75%的属于下层。与2002年比，属于中产阶级上层的人数减少了7%，更多地落入了中产阶级的中下层。

中产阶级中许多人，他们拥有私人财产、良好的教育和职业技能，关心政治稳定和法制健全，追求经济和思想自由，关注社会规则的公平性与公正性，研究者将其定义为"新中产阶级"[②]，以区别于苏联时期的中等阶层。但是，俄罗斯中产阶级还远未成为社会转型的主体，缺乏发展性的

---

① ［俄］叶卡捷琳娜·多布雷妮娜：《俄罗斯社会学家眼中的俄罗斯中产阶级》，庄晓惠编译，《江西社会科学》2010年第2期。

② 周晓虹：《全球中产阶级报告》，社会科学文献出版社2005年版；阿巴尔金主编：《俄罗斯发展前景预测——2015年最佳方案》，社会科学文献出版社2001年版。

思想体系和明确的价值取向，没有自己的政党和行动纲领①。

## 二 利益集团与威权政治传统中的民主化元素

早已根植于俄罗斯深层意识的威权政治传统，决定了俄罗斯有别于欧美国家的民主特征。威权与服从、民主与平等相对应，俄罗斯各利益集团正是在内在传统与外部影响的平衡中探求着俄罗斯式的政治民主。

混乱中对秩序的渴望是普京 2000 年当选的民意表现，秩序中对民主的追求是梅德韦杰夫"全面现代化"得到拥护的思想基础。2011 年 11 月的第六届议会选举和 2012 年 3 月的总统选举，民众参与程度高，"统一俄罗斯党"仍然为议会第一大党，普京当选为俄罗斯总统，但是得票率均低于 2000 年、2004 年和 2008 年（见表 6－1 和表 6－2②），表明了俄罗斯民众对秩序中民主的进一步期待。

表 6－1　　2007 年、2011 年杜马选举与 2008 年、2012 年总统选举结果对比

| 政党 | 选举年 | 得票率（%） | 杜马议席 | 总统候选人 | 选举年 | 得票率（%） |
|---|---|---|---|---|---|---|
| 统一俄罗斯党 | 2007 | 64.3 | 315 | 梅德韦杰夫普京 | 2008 | 70.28 |
| | 2011 | 49.32 | 238 | | 2012 | 63.6 |
| 俄罗斯共产党 | 2007 | 11.57 | 57 | 久加诺夫 | 2008 | 17.72 |
| | 2011 | 19.19 | 92 | | 2012 | 17.18 |
| 公正俄罗斯 | 2007 | 7.74 | 38 | 米罗诺夫 | 2008 | |
| | 2011 | 13.24 | 64 | | 2012 | 3.85 |
| 自由民主党 | 2007 | 8.14 | 40 | 日里诺夫斯基 | 2008 | 9.35 |
| | 2011 | 11.67 | 56 | | 2012 | 6.22 |

资料来源：杨成根据俄国家选举委员会公布数据整理。

---

① Пока что мы снова и снова надеемся на "доброго царя – батюшку", а не на собственные силы, способности, опыт и знания. Госзаказ на средний класс. ПИСЬМО В НОМЕРАвтор: Сергей БОРИСОВ, президент Общероссийской общественной организации малого и среднего предпринимательства "ОПОРА РОССИИ", член Комиссии по правам человека при президенте РФ（《消息报》2002 年 12 月 26 日）.

② 杨成：《"普京主义"的社会基础与 2012 年总统选举之后的俄罗斯政治生态发展趋势》，《俄罗斯研究》2012 年第 2 期。

表 6 - 2　　　　　　　　2000—2012 年俄罗斯总统选举结果

| 2000 年 | | 2004 年 | | 2008 年 | | 2012 年 | |
|---|---|---|---|---|---|---|---|
| 候选人 | 得票率（%） | 候选人 | 得票率（%） | 候选人 | 得票率（%） | 候选人 | 得票率（%） |
| 普京 | 53.44 | 普京 | 71.3 | 梅德韦杰夫 | 70.28 | 普京 | 63.6 |
| 久加诺夫 | 24.49 | 久加诺夫 | 13.7 | 久加诺夫 | 17.72 | 久加诺夫 | 17.18 |
| 亚夫林斯基 | 5.85 | 格拉济耶夫 | 4.1 | 日里诺夫斯基 | 9.35 | 普罗霍诺夫 | 7.98 |
| 图列耶夫 | 2.98 | 袴田 | 3.8 | 波格丹诺夫 | 1.30 | 日里诺夫斯基 | 6.22 |
| 日里诺夫斯基 | 2.72 | 马雷什欣 | 2 | | | 米罗诺夫 | 3.85% |

资料来源：杨成根据俄国家选举委员会公布数据整理。

2012 年的总统选举共有 5000 万选民参选，为保证公开性，总共投入 6 万个透明票箱。选举的公开透明性使得选举结果让人信服。3 月 7 日，俄罗斯中央选举委员会宣布，普京以 63.6% 的得票率当选为新一任国家元首。对这一结果横纵向的分析可以清楚地观察到民意的变化和走向。高票当选说明"统一俄罗斯党"一党独大的局面没有得到根本改变，特别是反对党"亚博卢党"得票率为 3.43%，"正义事业党"和"俄罗斯爱国者党"得票率均不到 1%，俄罗斯政治现代化仍然任重道远。但是其与反对党的势力对比在悄然变化，"统一俄罗斯党"的得票率从 2007 年的 64.3% 下降为 2011 年的 49.32%，下降幅度达 23%。"俄罗斯共产党"、"公正俄罗斯党"和"俄罗斯自由民主党"分别上涨 65.8%、71% 和 43.3%。普京和"统一俄罗斯党"为确保议会选举做了充分的准备，于 2011 年 5 月发起成立了"全俄人民阵线"，动员社会各界精英和团体加入，并许诺转让统俄党 20% 的代表名额，最大量地争取俄社会各界对"统一俄罗斯党"的支持。普京本人的得票率为 63.6%，远高于排位第二的候选人俄罗斯共产党领导人久加诺夫（得票率 17.18%），表明普京目前在俄罗斯无可替代。但是这一高企的得票率与 2004 年普京 71.3%、2008 年梅德韦杰夫 70.28% 相比，明显下降。选举结果传达出两个正反两方面的信息：民众对普京及普京领导下的"统一俄罗斯党"的信任占据了多数，同时也存在一些不满。选举期间爆发的大规模游行示威也较好地印证了这一观点。2011 年 12 月 10 日和 24 日，俄罗斯爆发了两次大规模的民众游行示威，主要集中在莫斯科和圣彼得堡。这是普京执政以来俄罗斯爆发的前所未有的大规模抗议活动。民众并不是要推翻现政府，而是要表达其诉求。庞大鹏认为此次示威表达了民众三个方面的政治诉求：一是反对政治垄断，认为"统一俄罗斯党"一党独大的政治格局不符合俄罗斯发展的需求；二是反对政治腐败，认为官僚集权的政治体制对政治现代化和创新发展道路带来消极负面的因素；三是反对普京团队的稳定结构，认为"梅普"决定了政治高层变动，致使政治精英的流动性不强，削弱政治参与的广泛度。其实，"统一俄罗斯"和普京个人得票率双双下降的原因还在于更广泛层次的经济自由和社会公正。

值得注意的是，示威游行集中在大中城市，普京主要的失票点也在大中城市，而大中城市是中产阶级的主要分布点。在 2004 年大选中，普京只在三个地区的得票率低于 60%，其中在别尔哥罗德州得票率最低，为54.8%。在 2008 年大选中，梅德韦杰夫只在一个地区的得票率低于60%，即在斯摩棱斯克州得票率为 59.26%。在今年 3 月大选中，普京在35 个地区的得票率低于 60%①。在经济欠发达、中产阶级数量有限的边远地区和中小城市，普京的得票率最高②。例如，在受到恐怖袭扰频仍的北高加索地区，普京受到选民的普遍支持。他在车臣共和国得票率为99.76%、在塔吉斯坦共和国为 92.84%、在印古什共和国为 91.91%、在卡拉恰伊—切尔克斯共和国为 91.36%，在贫穷的图瓦共和国普京的支持率也达到 90%③，普京的核心支持者大多来自中小城市居民。

俄罗斯民主化在发展，集中体现在中产阶级、反对派的势力在逐渐壮大，反对方式公开化及执政当局对待反对意见的态度上。但是，各方的诉求多样分散，反对意见批评性的多建设性的少，并不能系统、全面阐述治国理念。比如议会第二大党"俄罗斯共产党"属于左翼政党，在经济、社会政策上，该党反对强行私有化，赞成不同形式所有制的最佳结合。议会第三大党"公正俄罗斯党"党纲领认为，社会不公正是国家和社会面

---

① Иванов М. Владимир Путин недосчитался четырех миллионов. Коммерсантъ. № 40（4825）от 6 марта 2012 г.

② 吴大辉：《新普京时代：危机征候与治理选择》，《国际问题研究》2012 年第 4 期。

③ Иванов М. Владимир Путин недосчитался четырех миллионов. Коммерсантъ. № 40（4825）от 6 марта 2012 г.

临的最尖锐的政治问题，是国家发展的最大障碍，贫富差距悬殊损害了公民权利和自由，最终将导致丧失社会信任和团结。主张提高退休金和社会补助，合理分配收入，对国家开支进行切实的公民监督。议会第四大党"俄罗斯自由民主党"的党纲具有浓厚的民族主义色彩，称其首要任务是"复兴强大的民主和繁荣的俄罗斯"，在对外政策方面主张在自愿的基础上重建俄罗斯国家，与苏联加盟共和国结盟。2012 年 3 月 7 日，普京在选后首次记者会上指出，只有当反对派开始提出国家发展道路时，它才能成为真正的政治力量。俄罗斯政治的发展之路是如何在威权中发展民主，在民主中保持秩序。

# 第四节　小结

梅德韦杰夫精准地抓住了普京卸任时俄罗斯政治经济领域的突出问题，提出并践行"国家现代化"的执政目标。尽管由于支持改革的中产阶级尚不成熟，无法抗衡反对力量，高层权力配置上总统相比政府的实际弱权，结果与目标相去较远，但梅德韦杰夫也沿着民主与自由的转型目标将俄罗斯向前推进了一步。俄罗斯仍然面临着任重道远的产业结构、行政效率低下、一党独大、民族分裂势力的问题。除此之外，如何因应逐渐壮大的中产阶级的利益诉求，也是梅德韦杰夫之后的俄罗斯政府必须面对的。2012 年的俄罗斯选举已经尘埃落定，普京强势回归总统职位，将直接打破原有的基本平衡的权力格局。作为国家元首，既拥有《宪法》赋予总统的超级权力，又掌握实际上的立法和行政大权，无人能给予制衡。俄罗斯这样一个变化莫测的国度，其政治经济将呈现怎样的格局？不能不让人好奇、着迷。

# 第七章 结论与启示

任何社会都会有分层，苏联建立以后，生产资料的全部国有化，社会结构呈现"两阶一层"稳定性的社会分层，即工人阶级、农民阶级和知识分子阶层。然而，国家是一个非人格化的所有者，必须委托人格化的主体代为管理，实际上就是国家授权给某一部分人，使之代理国家对生产资料进行管理，在全国范围内调配人、财、物各种生产要素，组织生产、分配产品，提供服务。与生产资料所有权具有同一关系的社会各阶层，在生产资料经营管理权方面出现差别，分为行使管理权的管理者阶层和被管理的劳动者阶层。

斯大林时期，对管理者阶层通过任命制和强力监督进行约束，通过在职消费和职务终身制给予激励。在这样的约束和激励下，逐渐形成了唯上的、注重职务而不注重业绩的越来越庞大的官僚阶层，这个阶层不仅经济上而且政治上享有特权。斯大林也在这样的体制中，实现了个人集权。然而，个人集权下长期对文化权力和政治权力的钳制，激起了包括官僚阶层在内的社会各阶层的反对，成为赫鲁晓夫时期打破"个人崇拜"的社会基础。

斯大林时期严重偏向重工业的经济模式使农民阶级的经济权力一直处于被压制的状态；轻工业薄弱，消费品短缺，影响了无论工人农民还是知识分子基本经济实物权利的落实，配给制的分配形式剥夺了民众的经济自由权利。越来越细化的以产品为中心的计划管理体制，形成了强"条条"弱"块块"的行政权力格局。在三十多年稳定的政治环境中，"条条"已经成长为具备了一定行动力的官僚集团，正是该阶层的抵制使赫鲁晓夫削弱"条条"加强"块块"的改革失败，不得不重新回到原来强"条条"的权力格局。如果说最初斯大林以个人权威和国家强力机构为保证的个人集权是政治权力对经济权力的外在作用，那么，到这里我们可以看到经济权力与政治权力的相互作用。

强力监督的放松，勃列日涅夫与官僚阶层的隐性妥协，互相让渡权力，延长了社会稳定期，尤其是政治上的稳定期，这不仅进一步强化了官僚集团的经济特权，而且使这一阶层日益膨胀，相互勾结，权力互换，垄断了行政组织权力，阻塞了被管理集团的上升流动通道。然而，官僚集团的经济特权仍然还只是对生产资料的管理权，而不是所有权。

戈尔巴乔夫的改革是国家权力全面放开的改革，文化领域的公开化、批判性使早已名存实亡的文化权力彻底坍塌，服务于激进改革的自由资本主义价值观乘虚而入；政治领域的民主制、选举制、多党制使官僚阶层获得了公开结社、谋求生产资料所有权的机会，地方政府也获得了组建党派、利用本地区资源分享政治经济权利，乃至脱离苏维埃、分立国家的机会。官僚集团和地方利益集团很快成为变革的主导力量。与此同时，农民和工人的权力意识也被唤醒，但是长达半个多世纪的计划经济和政治集中体制，已经使他们丧失了承接权力、争取权力的能力，只能在国家放权、官僚集团和地方政府争取权力的洪流中被裹挟而行。

叶利钦时期，官僚集团和地方利益集团推出了以急剧自由化、私有化为特征的经济改革，实现了本集团的经济权力，把对生产资料的管理权变成了所有权；以直接选举制、联邦协商制为特征的政治改革实现了地方的政治权力。人数众多的工人和农民集团在获得一定政治权力的同时，经济权力前所未有地被弱化了。整个社会的经济权力集中在以官僚集团为主体的寡头手中，但是，寡头们深知，在野蛮、掠夺式的私有化过程中攫取的经济权力，显然不具备法理、意识的合意性。寡头政治正是寡头干预政治、企图通过法律巩固其经济权力的表现。如果说这一时期的政治权力配置是"零和"游戏，那么经济权力配置则是实实在在的"抢瓷器"悲剧。国家政治经济权力的全面退让，寡头、地方权力的壮大，换来的不是国家的强大，而是国力衰弱，国家元首依附于寡头，民众生活普遍恶化，阶层差距急剧扩大，政治混乱，地方分立倾向严重。

普京时期是规制寡头、打击地方分立势力，全面恢复国家政治、经济和文化权力，保障普通民众基本经济权力的时期。转型前，从斯大林时期到戈尔巴乔夫时期，自总书记（总统）到普通民众集团的权力变化如表7-1所示。

从表7-1中可以看到各利益集团尤其是转型强势集团的发展轨迹。从斯大林一党专政、以党代政、权力高度集中到戈尔巴乔夫多党制、党政

**表 7 - 1** 社会利益集团资源、权力分布一览

| | 时期权力 | 斯大林时期 | 赫鲁晓夫时期 | 勃列日涅夫时期 | 戈尔巴乔夫时期 |
|---|---|---|---|---|---|
| 文化意识权力 | 总书记或总统 | 强权（个人崇拜） | 强权但有所削弱（打破个人崇拜） | 党政军集权 | 弱权 |
| | 国家 | 强权 | 强权但有所削弱（打破集权） | 虚位以待（形式上的强权、实质上的弱权） | 西方价值观取代社会主义价值观 |
| | 活跃阶层 | 弱权 | 弱权但有所加强 | 弱权但有所加强 | 公开性、批评性权力被削弱 |
| | 地方政府 | 弱权 | 弱权 | 弱权 | 强权 |
| | 普通民众 | 弱权 | 弱权 | 弱权 | 弱权但有所加强 |
| 组织权力 | 总书记或总统 | 集权 | 强权但有所削弱 | 强权 | 党政权力分散 |
| | 国家 | 被集权 | 权力有所加强 | | 苏维埃权力名义上加强，实际上落空 |
| | 活跃阶层 | 职务任命制、终身制、政治特权：被监视和被监听 | 职务选举制、任期制 | 职务任命制、终身制、政治特权 | 多党制、选举制权力大幅收缩 |
| | 地方政府 | 弱权 | 弱权 | 弱权 | 权力极大加强 |
| | 普通民众 | 弱权 | 弱权 | 弱权 | 可以真正履行选举权 |
| 经济权力 | 总书记或总统 | 强权 | 强权但有所削弱 | 强权 | |
| | 国家 | 工业国有、农业全盘集体化 | 强权 | 强权 | 向地方放权 |
| | 活跃阶层 | 计划管理权、经济特权 | 条条块块权力转移 | 强权 | 权力大幅收缩 |
| | 地方政府 | 弱权 | 权力有所加强 | 弱权 | 前所未有得到加强 |
| | 普通民众 | 被压制 | 弱权 | 弱权 | 弱权 |

分权，处于权力金字塔顶端的总书记个人的权力在逐渐缩小，国家的权力也逐渐下放、退让。社会两阶一层即工人阶级、农民阶级和知识分子的权力没有显著的变化。但是官僚阶层，斯大林时期有约束的管理权和使用权，随着改革的推进不断地变化。

赫鲁晓夫时期选举制、任期制和消减特权制极大地震动了官僚阶层的任命制、终身制和特权制，遭到了官僚阶层的抵制，改革失败。官僚阶层也演变为具有行动力的官僚集团。

勃列日涅夫时期，恢复和加强了官僚集团的权力，其拥有的权力几乎变成了无约束的权力，勃列日涅夫也因而能够维持18年的老人政治。

戈尔巴乔夫改革前所未有地冲击了官僚集团的权力，反对者迅速集结形成党内保守派。苏联官僚集团已经变为与国家利益决裂，具有明确转型诉求的力量，在自由化和私有化的浪潮中实现了生产资料所有权。

纵观俄罗斯利益集团的发展演变，我们可以得到以下启示：

# 第一节　基本结论

**一　威权政治传统国家中国家元首集权的便利性和保持独立的重要性**

在具有威权政治传统的国家，威权政治已经进入人们的深层意识，在这种意识主导下，国家元首被赋予超凡智慧和力量，人们自愿向元首让渡某些权力，臣服于他，听命于他的指挥，认同他制定的制度和秩序，元首在这样的背景下，实行集权具有天然的便利性。

从斯大林、赫鲁晓夫、勃列日涅夫到叶利钦、普京，无不是元首集权，威权政治传统一再发挥作用。但是即使在元首集权条件下，人们也不会让渡生存权力和最基本的政治文化权力。元首威权的巩固来源于增长性和中立性，即对内而言，经济增长、政治稳定、民众生活改善、国力不断强盛，对外则抵抗外辱能力增长、国际地位提升；中立性意味着在国内不依附于任何一个利益集团，决策公允。叶利钦被迫提前退位，与其依附于寡头，决策偏颇不无关系。

**二　关于利益集团的活动边界**

利益集团的活动边界由其他利益集团的现实利益和意识传统决定，其活动方向与国家利益方向一致。

利益集团最根本的存在理由是对利益的追求，需求的多样性决定了一个社会中必然是多个利益集团并存。利益集团在追求利益的过程中要与相关的利益集团——向上与国家、平行层面上与其他利益集团产生联系，相互作用。如果出现一个集团过度掠夺另一个集团的利益，致使被掠夺集团在绝对利益上无法满足最基本的生存和生活需要，或者在相对利益上差距急剧落后，必然会招致弱势集团的对抗。

另外，强势集团的活动方向应该与国家的总体保持同方向增长的关系，当呈零和关系或反方向关系时，就是其被规制之时。这是由国家的自主性、公共性和权威性决定的。

### 三 转型时期的政府能力与转型进程控制

转型时期，国家权力不可无条件退让，必须保证国家的宏观调控能力。

国家的自主性决定了国家行事作为不可能完全为社会某一个利益集团服务，而只能服从于国家自己的目标。国家自主性理论源自马克思主义的国家工具理论，经过以普朗查斯（Nicos Poulantzas）和密利本德（Ralph Miliband）为代表的新马克思主义者的国家自主性理论和以斯考波尔（Theda Skocpol）为代表的国家中心主义理论发展而来。

马克思认为，国家是统治阶级用来维护本阶级利益的工具，普朗查斯在研究国家经济职能的时候提出，资本主义国家是一个具有相对自主性的行为主体：它具有阶级性，服务于资产阶级的统治但又不仅仅是资产阶级进行阶级统治的简单工具，国家本身具有一定的自主性，可以满足被统治阶级的某些利益要求，也可以违背统治阶级的某些利益，制定一些有利于被统治阶级的法律与政策。

普朗查斯强调资本主义国家独立于社会统治阶级的自主性。

密利本德从阶级和国家关系的角度提出和完善国家相对自主性理论，认为国家诚然是一个统治阶级的工具，但是，当它作为一个国家而行动时拥有高度的自主和独立性；国家相对于所有阶级（包括统治阶级）都具有一定的自主性和独立性，国家的相对独立性并不减少它的阶级性质。国家的代理人在决定如何最好地为现存的社会秩序服务时，也需要被赋予一定范围的自由。国家具有自主性，但不同形式的国家具有不同程度的自主性。国家自主性的程度与代议机构对行政权力的制约能力和压力集团的活跃程度有直接关系。如果代议机构和压力集团对行政权力的影响微弱，则国家的自主性程度就强；反之，则国家的自主性程度就弱小。

密利本德还注意到国家自主性理论对发展中国家和社会主义国家的解释力，这是以往研究忽略的领域，认为在社会主义国家，政治权力在国家中占据主导地位，国家权力渗透入社会，国家的职能范围涉及社会生活的方方面面，国家享有高度的自主性。

深受马克斯·韦伯国家理论和新政治经济学影响，以斯考波尔为代表的研究进一步发展和完善了国家自主性理论。斯考波尔将国家定义为"以行政权威为首的并由该行政权威在某种程度上妥善协调的一套行政、治安和军事组织"。国家自主性的根源在于国家自身的特殊利益，即保障自己的统治秩序。国家从社会中汲取资源增强自身的实力，但国家权力的增强却不一定维护支配阶级的利益，甚至还会因国家自身利益而威胁到支配阶级的利益。国家自主性的基础是强大的国家能力。所谓国家能力，就是国家采取行动并达到行动目标的能力，包括完整独立的主权和稳固的行政、军事控制、忠诚干练的国家官员和充足的财政资源，其中国家强制力是国家自主性的保障。

国家的目标是经济发展、社会稳定，具有公共性。利益集团的自利性、利益的排他性，使其与国家利益具有本质上的不同。在转型时期，市场经济调控体系尚未充分建立或发挥作用的情况下，激励和约束不对称，对于不同的利益集团来说，有的是激励大于约束，有的则是激励小于约束，前者权力扩大，后者权力收缩，极易发生强势集团掠夺弱势集团利益甚至侵占国家利益的可能。因此，超越集团包括强势利益集团的个体利益，保持国家的自主性，尤其重要。

国家权力的退让底线就是能否保持国家自主性即国家的宏观调控能力，这是以国家的独立性、完整性、充足的财政资源、稳固的行政、忠诚干练的国家官员和军事控制为基础的。国家自主性的维护，俄罗斯叶利钦时期和普京时期就是正反两个鲜明的例证。

叶利钦时期国家对经济、政治权力的无条件退让，使国家自主性丧失，国库空虚、寡头干政、经济衰退、政治混乱、社会动荡，国际地位下降。

普京时期改革税制充实国库、规制寡头、建立国家公司和稳定基金，提高工资和社会保障，甚至使用强制力制止地方分裂倾向，恢复和维护国家宏观调控能力，表现出国家独立于利益集团的自主性，致使经济政治社会渐趋平稳，国力回升。

### 四　强制力的使用限度

强制力是国家自主性的保障，但是，过度使用强制力则使国家走向专制。斯大林时期强力机关位于其他任何政府机关之上，其活动范围甚至扩大到了居民的个人生活中，致使整个社会笼罩在政治高压中，国家走向专制。普京时期，成功规制寡头，恢复国家自主性，强力机构发挥了保障性的作用。

### 五　民族政策与转型时期利益集团问题

无歧视的民族政策是多民族国家民众权力的基础，也是消除地方分立倾向的有效手段之一。

苏联是一个多民族国家，民族政策与地方权力紧密联系在一起。高度集中的政治经济文化权力使地方的权力长期落空，肇始于斯大林时期的歧视性的民族政策使地方分立倾向越来越严重。在斯大林看来，民族属于阶级的范畴，错误地认为消灭了剥削阶级，各民族之间互不信任的心理和民族主义的情绪就会自动消失，并且可以形成新的苏联民族。斯大林还以政治运动和行政暴力甚至军事暴力处理民族矛盾和民族问题，结果严重伤害了各族人民的感情。

赫鲁晓夫和勃列日涅夫虽然在具体民族政策上有别于斯大林，但对民族问题的基本看法仍沿袭斯大林，在戈尔巴乔夫改革时期，民主化、公开性，使得过去对民族矛盾掩饰、压制的黑幕不断曝光，民族分离主义情绪急剧发展，最终导致苏联解体。叶利钦时期联邦向地方大幅度让渡权力，使地方权力急剧膨胀，加剧了其分离倾向。普京执政以后，明确了中央和地方税收比例，在恢复联邦宪法和法律权威的同时，保证宪法范围内民族地方政府和民众的基本权力，逐步实现了联邦中央对联邦主体的有效控制。

### 六　意识形态的生命力决定于思想理论与现实的契合度

思想是行动的号角，文化意识是政治权力和经济权力的思想保证。人们首先必须要从思想上认同，然后才会有思想指导下的行动。因此，要获取文化权力，所提出的思想理论必须与现实结合，呼应社会大众的权力要求。以列宁为首的布尔什维克党在民众普遍厌战、生活困难的背景下，顺应民众要求，适时提出"和平、土地、面包"的口号，取得了工人、农民和军队的支持，为革命胜利奠定了思想基础。

"十月革命"胜利后，迅速召开会议，颁布法律，落实民众的利益诉求，将诉求确认为权利，布尔什维克党因此取得了民众的信任，并在国内战争期间，顺应"战时共产主义"政策，自愿向布尔什维克革命政府让渡部分权利。而在勃列日涅夫时期，政府无视物质短缺的生活现实，继续宣扬"发达社会主义论"；无视官僚集团的政治经济特权和相互之间的勾结，继续宣扬"阶级消亡论"。苏共宣扬的价值导向背离了基本现实，也就丧失了解释力和说服力，沦为自说自话，使苏共掌握的文化权力逐渐空虚，更谈不上对民众进行教育和引导，起到维护和巩固政权的作用。普京占据文化意识制高点的经验也是本结论的一个正面例证。在民众既不愿回到计划经济时代的物质短缺、政治专制，又厌倦完全自由市场经济时期的政治经济混乱时，普京适时提出"可控的市场经济"、"可控民主"，受到普遍响应，在全社会范围内达成共识，为普京时期的政治经济改革奠定了坚实的思想基础。

中国和俄罗斯同是转型大国，只是转型方式不同，俄罗斯利益集团成长、演变，发挥作用的条件、方式，其对转型进程的影响与国家自主性之间的关系等，对中国来说，具有特殊的借鉴意义。

# 第二节 启示

## 一 研究视角和方法论的启示

新政治经济学的研究视角、个体主义与集体主义方法论对研究我国利益集团具有一定的启示意义。新政治经济学尤其是其中的公共选择理论，有助于我们理解利益集团作用下制度的形成过程，并对制度的走向进行基本的预测。同时，也让我们更进一步认识到，转型中政治经济的复杂交织以及当前政治转型的必要性和艰难程度。"经济人"和有限理性的假设、成本收益原则，在某种程度上打开了政府这个"黑匣子"，国家和政府不再是神秘的、超然的存在，它也是受当前利益和长远利益约束的理性经济人。这并不妨碍我们提醒政府尤其是中央政府保持对其他利益集团的超脱，因为保持超脱符合政府的长远利益，只是在追求当前利益的时候，政府难免会出现短视。个体主义和集体主义的方法论使我们更清楚地看到了个体加入集团的动机和集团行动的逻辑，从而有助于我们冷静地规范和引导利益集团的行动。

## 二 对利益集团认识和划分标准的启示

改革发展到今天，如果仍然避谈利益集团，无疑是讳疾忌医。理论界依然还有声音认为中国不存在"既得利益集团"，吴敬琏先生"权贵集团误国误民"的疾呼对其进行了当头棒喝。我们可以想象，如果在赫鲁晓夫时期就能正确认识管理集团中的官僚阶层，并采取措施防止其与劳动阶层的对立，就不会在勃列日涅夫时期延误改革时机，苏联的历史和俄罗斯的转型或可呈现另外一幅图景。历史虽不能假设，但可以为鉴。执政党在1998年3月中共第十三届二中全会的报告中明确承认利益集团的存在："在社会主义制度下，人民内部仍然存在着不同利益集团的矛盾。"

学者们对利益集团的划分各有不同。张亿将我国利益集团划分为四大利益集团：以各级政府（即中央政府和地方政府）为代表的管理集团；以企业所有者为代表的资本集团、以体力劳动者为代表的劳动集团和以脑力劳动者为代表的知识集团。相比这种静态的划分。

中国人民大学教授李强从利益结构变迁的角度，把社会群体分成四个利益集团就显得具有一定的动态性：特殊获利者集团，普通获益者集团，利益相对受损集团和社会底层集团。

杨帆认为，利益集团的形成标志就是"有自己的组织机构、代表人物、理论和理论家，能够系统而公开地表达和争取自己独立利益"，并按行动能力的大小标准把国家垄断资本、国际资本、民营资本归为三大强势的新兴利益集团。认为中国目前尚不存在弱势利益集团，而只能称做弱势利益群体，因为这一群体还不具备行动和制约能力。利益集团还可以按组织程度、法律地位、活动目标等标准来划分。然而，归根结底，利益集团存在的根本理由、发挥影响的最终目的就是追求利益，组织程度和法律地位只是其活动的条件。

根据利益集团持有的政治经济文化资源来划分利益集团，才能比较客观合理地解释利益集团的行为动机、作用方式和影响力。据此，我们可以将利益集团划分为掌握政治权力的官僚集团，掌握经济权力的垄断资本集团、外资集团，掌握文化权力的知识集团，普通居民集团和社会底层集团。前三类是强势集团，后两类是弱势集团。利益集团发展的明显趋势就是一方面利益集团多元化在加强，另一方面强势集团之间权力合谋越来越紧密、对政策的干预越来越有迹可循。还有重要的一点就是，在具有威权政治传统的国家，国家元首因为持有特殊的政治、文化资源而成为利益集团中重要的一极。

### 三 利益集团作用方式和活动边界的启示

利益集团通过作用于公共政策的制定和执行来维护和增进本集团的利益。在经济影响、政治选票和舆情掌控的作用方式选择上，我国利益集团更倾向于经济影响和舆情控制。具体为直接贿赂和赞助、间接联络、越级操作和舆论施压。直接贿赂即利用金钱及其他有价物券买通相关决策者和执行者，暗箱操作。间接联络就是利用亲缘、同窗、乡缘和其他个人关系网络，与决策者和执行者取得联系，传达诉求。越级操作就是通过决策者和执行者的主管部门或领导，从上往下打招呼、问情况、批条子等方式施加影响。舆论施压就是借助于具有一定社会影响的专家学者等知识精英通过舆论表达要求。

此外，公开的、激进性的施压方式近来越来越常见：在政府机关及主管部门门前聚集、静坐、集体上访等。利益集团通过作用于公共政策来争取公共财政资金分配、参与公共投资项目、金融支持、税收优惠等。随着互联网等大众传媒的兴起，除了传统的媒介以外，利益集团更多选择自由度大、传播速度快的互联网表达诉求。比如，我国《物权法草案》出台后，在审议过程中就引起了大众媒体极大的关注，不仅引发了民众的热议，而且也出现专家的学理之争，这些争论作用于立法，草案经过七次审议才获通过。研究俄罗斯利益集团，我们发现，利益集团作用的方式和作用的内容与民主进程有关，受利益集团活动边界约束。不断扩大的地区差距、行业差距、城乡差距和总体的基尼系数，显示强势利益集团正在逐渐滑近其活动边界。

### 四 利益集团演化的启示

转型方式是利益集团相互作用的结果，在转型的推进过程中利益集团

也在发生演化。我国的转型源于局部农村的自发行动，之后是自上而下的
商业领域和城市中小企业转型，民营企业的兴起，随之而来的是中央和地
方的税收分权。生产要素之间的联系越来越紧密，利益集团持有的资源数
量和资源重要程度相互作用，不断发生变化。不仅利益集团之间，而且利
益集团内部也在分化重组。农村居民分化为纯粹务农者和农民工，一些城
市居民进入农村开展农业规模化经营，城市居民内部也呈现分层。杨帆梳
理了利益集团的成长和演变过程，认为在政治经济文化高度一体化的计划
经济体制条件下，不存在公开的利益集团。

20世纪80年代的改革开放造就了五大利益主体：中央政府、地方政
府、垄断部门、企业、个人，随着放权让利，计划经济下条块分割的体
制，逐步演变成为地方与部门利益。

1985年实行财政包干，地方政府有了独立利益，各经济部门政企分
开形成了部门利益，国有企业改革和私人经济发展，加上以后的外资进
入，形成了独立的企业利益。

20世纪90年代以后，广泛实行劳动合同制，劳动力变成商品，商品
经济变成资本经济，权力创造市场，资本与权力高度结合，权力资本化从
农业资本开始，逐步扩大到商业资本、生产资本、金融资本。同期外资大
规模进入，国际资本在中国迅速扩张，并寻找和培植代理人进行寻租
活动。

21世纪以来，利益集团进入博弈阶段。有学者担忧：垄断资本与地
方政府、知识精英甚至中央政府部门的合谋可能会锁定改革路径，从而使
改革陷入困境。贻误改革良机在苏联造成的后果，令人扼腕叹息。

**五　利益集团规制的启示**

利益集团规制的条件从两个方面进行考查。

一方面，作为规制者的中央政府，必须具备规制的能力，即经济、政
治文化领域的主导控制力，包括统领社会大众的思想意识、充足无虞的财
政能力、坚定的立法、行政组织和有效的强制力量。保持国家的自主性和

中央政府对其他利益集团的超越，防止软政权化①。

　　另一方面，利益集团只有其行动超出了活动边界时，或者与国家的总体利益相悖，才会被规制。同时，对利益集团进行规制，时机的选择也考验执政党的政治智慧。普京时期对寡头的规制堪称典范。然而，我们应该看到，再精妙的规制也只是手段，目的是通过权力的重新配置实现利益集团的均衡发展，以促进经济增长和政治民主。

---

　　① 缪尔达尔在研究南亚经济时提出"软政权"（softstate）的概念，认为政策执行在一些发展中国家呈现"软政权"现象，主要是指在"因果循环的累积作用"下，各级公务人员普遍不遵从国家制定的各种法律和制度，政府政策得不到有效执行甚至无效的现象。卢现祥进一步阐释这一概念，认为"软政权"是指缺乏对具体法律的遵守与实施，行政人员普遍不遵从交给他们的规章与指令，并且常常和那些他们本应管束其行为的有权势的人们与集团串通一气。根本含义是即使制定了法律，它们也不被遵守、不易实施。在"软政权"中，制度、法律、规范、指令、条例等都是一种软约束，都可以讨价还价，既可以执行也可以不执行；有好处时可以执行，没有好处时可以不执行；有"关系"时可以执行，没有关系时可以不执行。"软政权"的一个突出特点是行政的随意性控制。行使行政随意性控制的官员和政治家在这种控制的维护和进一步扩大中有着既得利益。由于控制没有和计划结合，运用控制的方针又偏于模糊，所以权力就更大了。在缪尔达尔看来，产生软政权的主要原因是权力集中在上等阶层手中，他们能够提供平等的法律和政策措施，但是他们居于至高无上的地位又阻挠其实施。缪尔达尔把软政权的形成归结为发展中国家的特有政治机制。在缪尔达尔看来，软政权对私营企业个人化的、行政的、随意性的控制的普遍偏好与独裁主义和家长主义紧密相关。

# 附录  普京总统竞选纲领性文件

## *俄罗斯集中精力*——我们要应对的各种挑战*

3月4日将要举行俄罗斯总统选举，社会各界广泛地参与了讨论。我认为，有必要针对一些重要的问题，阐述各自的立场和观点：俄罗斯面临的风险和挑战，全球政治和经济中的地位，是跟随还是参与制定游戏规则。据此，我们必须强化自身的力量，保持持续、稳定发展。在当前世界格局下，稳定来源于辛勤劳动、开放和主动的改革。

在俄罗斯的历史中重复出现的问题是精英改革中断了连贯一致的发展。不仅俄罗斯，而且整个世界的经验都表明：只有推翻而没有建设的历史断裂（改革）是有害。这样的发展趋势，也正是我们面临的挑战：停滞、依赖、缺乏竞争力的精英和大量的腐败。这些颠覆者变成了"踌躇满志的领主"，明目张胆地利用每一个机会，反对任何变革，竭力维护自己的地位和特权；或者呈现完全相反的另一种情形：领主变成了颠覆者。目前，财产保护或对权力和财产再分配的政策都出现了"气短"的问题，原因在于俄罗斯公民社会发育不全、公众监督缺乏，这种情况正在改变，但是很缓慢。

如果一项政策不为大多数人着想，不反映大多数人的利益，就不可能是真正的民主。是的，也许在短期内社会中的某一部分人会追逐响亮的口号和对未来美好前景的描绘，但是接下来，如果人们并没有看到这样的未来，他们就会长期远离政治和社会：这在我们的历史中曾经多次出现过。

---

* 《消息报》2012年1月17日。

当今，人们都在谈论不同形式的政治革新进程。商谈什么？如何安排权力？把它交给"最优秀的人"吗？接下来怎么样呢？我们将怎么办？没有讨论选举之后我们应该怎么做，这令我不安。我认为，这与我国的国家利益、社会的教育水平和社会责任不符。

俄罗斯公民，我认为，应该不仅讨论本身还不错的某些政策的优缺点，而更应该讨论某些政治人物执行的政策内容、方案、挑战和任务，就是方案的核心和重点——怎样才能改善我们的生活，构建更公平的社会秩序，打造经济和社会发展的平台。关于未来、秩序安排、长期抉择、国家发展和民族前景，需要广泛地对话。这篇文章，正是一个对话邀请。

## 我们在哪里，将要去向何方？

摆脱了极权的社会主义模式和苏联解体带来的衰退后，俄罗斯现在经济和社会都获得了发展。尽管 2008—2009 年，危机"吸走了"我们两年的努力，我们已经达到和超过了苏联最繁荣时期的生活水平。例如，俄罗斯人均寿命已经比苏联（1990—1991 年）时期还要长。

俄罗斯经济在发展，这首先表现在人：他们的工作、他们的收入、他们的新机会。今天，贫困人口比 1990 年减少了 2.5 倍，不再有新的贫困区出现。以前，在一些大城市，积极和熟练的人都找不到工作或者连月领不到薪资。独立研究的资料表明，4/5 的俄罗斯人的实际收入超过了 1989 年苏联最高峰时期的水平。自 1989 年高峰之后，由于社会经济的整体失衡，苏联开始衰退。今天，80% 的俄罗斯家庭的消费水平高于苏联时期家庭的平均消费水平。家电增长 1.5 倍，达到了发达国家的水平，家用汽车增长 3 倍，居民住房条件明显改善。不仅俄罗斯普通公民，而且我们现在退休人员的基本食品消费水平要高于 1990 年。特别重要的是近十年俄罗斯社会逐渐形成了一个阶层，在西方称为中产阶级。这些人可以在较大范围内支配自己的收入——消费、储蓄或娱乐休闲。他们可以选择自己喜欢的工作，有一定的积蓄。中产阶级能够进行政策选择，他们的教育水平促使其理性地选择候选人，而不是朴素的投票。总之，中产阶级在各个方面开始有了不同的诉求。1998 年，中产阶级在总人口的比例为 5%—10%，少于苏联时期。现在，中产阶级占总人口的 20% —30%，其收入是 1990 年平均工资的三倍以上。中产阶级应该继续成长，成为我们社会的大多数，来支撑我们的国家——中产阶级包括医生、专家学者、工程师和熟练工人。

俄罗斯的希望在于我们拥有受教育程度高的人口，特别是年轻人，这是在责备中不断改进、追求质量的国民教育体系下取得的。年龄在 25—35 岁的公民，有 57% 接受了高等教育，这样的教育水平，除了俄罗斯，世界上只有 3 个国家：日本、韩国和加拿大。教育需求会持续爆炸性增长：在下一代（15—25 岁），要使或力争使 80% 以上的小伙子和姑娘们接受高等教育。我们正在进入一个新的社会。"教育改革"已经根本改变了俄罗斯社会和俄罗斯经济。即使目前我国经济不需要那么多拥有高等教育的工人，但是时间不能倒回去。没有人应该适应现有的经济结构和劳动力市场。经济应该使拥有高等教育水平和较高诉求的公民找到合适、体面的岗位。俄罗斯的主要挑战在于，我们必须学习对年轻一代使用"教育驱动"，提高中产阶级的诉求，培养和激发其追求幸福、实现经济增长和国家可持续发展的责任感。受教育程度较高的人寿命较长、犯罪率低、反社会行为少，作出的选择更理性，这本身就为我们的未来创造了良好的背景。但是，仅有这些是不够的。过去十年，福利的提高主要是国家行为，包括对资源自然租金的分配。我们为了让数百万人脱离贫困，使用石油收入提高居民收入，建立国家储蓄以应对危机和灾害。今天，"资源型经济"的潜力已经耗尽，尤其重要的是，它没有战略前景。2008 年危机之前，已经通过了基本的纲领性文件，其主要任务是经济多元化，建立新的增长源。新经济的形成需要拥有较好教育和较强责任心的人：专业人士、企业家和消费者。

在今后十年内，将有 1000 万—1100 万年轻人参加经济建设，其中有 800 万—900 万人接受过高等教育。在当前的劳动力市场上，有 500 万接受了高等教育的人对他们的工资、工作性质不满意，对未来失去信心。另外 200 万—300 万公共机构的专业人员希望找到新的工作。此外，有 1000 万人在技术、设备过时、落后的制造业工作，这种技术和设备早就应该淘汰，这不仅仅是因为失去了市场，而且部分还危害到了工人的健康和环境。要为受过良好教育的人提供 2500 万新的、高科技、有较好报酬的就业机会，这并不是漂亮的词语，而是必不可少的、最低限度的（任务）。要解决这些问题，国家需要出台公共政策来巩固商业，创造最佳的商业环境。我相信，在当前和将来，我国的人力资源潜力将使我们在全球经济竞争中稳居高位。俄罗斯未来经济应符合社会需要、确保更高的劳动收入、更有趣，富有创造性，能够创造广阔的职业发展机会，开启社会上升流动的通道。在未来几年内，至关重要的正在于此，而不仅仅只是国内生产总值、黄金外汇储备、国际评级机构的评价、在世界主要经济体排行榜中位置。首先，人们应该让人们感受到积极的变化，特别是通过提升自己的能力带来的变化。经济增长的引擎就是公民的积极性。如果我们仅仅依靠处于被动地位的人口、官员的决定、数量有限的大型投资和国有企业，那我们就必输无疑。俄罗斯的增长就是我们每一个人自由空间的扩展。不负责任的财富攫取，在 21 世纪是完全不可能的。

我们还面临着另一个挑战。泛泛而谈的和谐和慈善并不能够促进人与人之间的信任。不愿从事公共事务，对他人缺乏关爱，不能超越个人利益，是我们社会严重的慢性病。俄罗斯文化伟大的历史传统就是尊重国家公共利益的需要。绝大多数俄罗斯人希望看到我们国家的伟大和强大，尊敬那些为了社会共同利益献出生命的英雄。遗憾的是，骄傲或怨恨还远未具备足够的力量，落实在普通的、日常的生活中：参与地方管理，依法行事和从事真正的慈善。通常，这背后并非冷漠和自私，而是对社会的怀疑和对周围人的不信任。近些年情况在逐渐改变。当局对公民的正当要求不再加以限制，而置身于许多平淡但非常有用的工作：改造院子，照顾残疾儿童、给那些需要帮助的人提供服务、修建儿童娱乐机构，等等。

进入 2012 年以来，国家开始协助联邦一级和许多地区通过方案以支持社会建立民间非营利组织。今后，我们要大大增加对这一方案的支持力度。但是，这些机构要真正运行，还需要面对官僚机构对社会公益人士顽固不化的偏见。这种偏见就是不愿意分享资源，逃避竞争，恐惧该行业的真正需求。社会服务作用不可低估：防止分裂，建立人与人之间的信任，和平解决冲突。在迅速发展的社会，发挥传统宗教——正统犹太教、伊斯兰教和佛教的作用，很重要。在很多方面都可以有所作为：创办学校和媒体、电视和社区互联网。

自由人的社会完全不应是独立的个体出于工于心计的共同利益的集

合。我们从来不是也不会是这样的人群。如果你还记得和想到别人，那么个人自由就是鲜活的。没有道德基础的自由就会成为专制。人与人之间信任的建立在于共同的价值观和人们不丧失信仰的能力、诚实、正义感。基于真理、维护所有人利益的法律才能获得绝对的尊重。如果不提及另一个重要的问题，那么对社会的描述就是不完整的。由于各种原因，我们有10%—11%的人口，其收入低于贫困线，这是当前我们需要解决的问题。消除发达国家所不能接受的贫困，需要借助于国家资源和社会积极分子的努力，重视社会援助体系的针对性，支持慈善活动。

俄罗斯整体必须形成符合现代社会的上升流动体系。我们应该学会弥补市场经济的不良社会影响，防止其产生的不平等，这些，资本主义国家早已学会了。这就是：专门、特别支持贫困家庭的儿童接受教育，提供最低生活保障，扭转对残疾人的歧视，使其平等获得良好的工作和生活中一切美好的东西。只有当公民不再怀疑社会的正义时，我们的社会才成功了。

# 关于全球发展的新阶段

2008年爆发的全球金融危机，波及所有人，对此评论颇多。众所周知，引发经济风暴的不仅是周期性因素和失败的监管，根本问题在于积累性失衡。通过毫无节制的借贷来投入建设的模式走进了死胡同。依靠虚拟而不是实际的价值和资产，生活就将陷入债务和浪费中。国家和地区之间财富分配的两极化降低了全球可持续发展的能力，并且引发冲突，降低国际社会协调尖锐、本质问题的能力。这种虚幻不仅存在于经济领域，而且存在于政治和社会领域，甚至产生了"衍生产品"。在我看来，危机使发达国家出现了一种危险的政策趋势：与劳动生产率相联系的国家社会责任冲动、民粹主义化，缺乏社会责任感的特殊阶层逐渐形成。但是，现在有了许多明显的变化：在这些国家，福利的"又一个高峰期"已经结束。

不工作就不可能有好的生活，这完全适用于俄罗斯。我们没有玩弄"虚拟"。我们的经济政策是稳健和审慎的，危机期间，我们的经济总量显著增长，摆脱了债务束缚，提高了公民的实际收入，建立储备以应对危机，尽量减轻居民的生活损失。此外，在危机中，我们大幅度地提高了退休金和其他福利。然而还是有很多人，尤其是反对派，鼓励我们更快地花掉石油收入。围绕养老金问题，我们是否在走向民粹主义？不幸的是，民粹主义的声音在最近的议会选举中响起。可能我们在总统竞选中也会听到类似的声音——那些明显不能赢得选举，勇敢地做出的一些不能兑现的承诺。坦率地说，我们要一如既往地利用一些可能性，积极地改善居民生活，但是，不可能像西方国家那样"随机"、轻率地分发和毫无必要地突然增加（收入）。

必须承认，在现行的框架体系内未必能解决全球性失衡。是的，至少可以克服市场波动。大多数国家正在制定成套的战术措施，以便在某种程度上应对危机带来的急剧变化。但在长期的、更深远的意义上来说，目前的问题是不可能投机取巧的。当今世界所面临的严重体系性危机，归根结底为全球结构重塑（提供了机会）。新的文化、经济、技术、地缘政治，明确显示，世界进入了震荡期。当然，这一时期将是长期的、痛苦的。对此，我们不能抱任何幻想。显而易见，苏联解体二十年以来，世界呈现"单极"现象，现在单一的"磁极力量"已经不能够维持全球稳定，而新兴影响力中心还没做好准备。全球经济进程不可预测性的增加和军事政治局势的变化，需要世界各国的合作、信任和责任心。特别是常任理事国，"八国集团"国家和"二十国集团"国家，需要不断努力，克服相互猜疑，偏见、近视和自私。

现在，最大的经济中心不是作为经济发展的原动力，稳定世界经济体系，而是日益引发问题和风险，极力增加社会、种族文化紧张。在全球一些地区"周旋"和侵略性宣扬自己的破坏性力量，最终威胁各国人民的安全。客观地说，其盟国往往是那些依靠军事力量试图在全球范围内"输出民主"的国家。即使最良好的愿望也不能违反国际法和国家主权。经验表明，他们通常也没有达到最初的目标，而成本却远远超过预期。在这种情况下，俄罗斯在文明模式，伟大的历史、地理和文化因素，欧洲文明和东方有机结合的悠久合作经验的有利条件下，可以而且应该发挥作用，积极拓展，（力争）成为经济力量和政治影响力中心。

俄罗斯以什么样的面貌迎接即将到来的全球变革的时代？在 20 世纪90 年代，国家经历了令人震惊的瓦解和退化、（付出了）巨大的社会成本和损失。在这样的背景下，国家不可避免地会完全崩溃，我们确实已经到了危机的边缘。事实上，数千名匪徒借助于某些外部力量的支持，决定于1999年以百万军队之众攻击国家。谈及当时的悲惨状况，太多的人认为，我们最终还是成功了。我清楚地记得，当时联邦安全局截获臭名昭著、血腥的恐怖分子哈塔卜从国外发给其同伙的信息，要杀害我们北高加索的人民。他写道："俄罗斯现在前所未有地衰弱，我们拥有千载难逢的机会：把高加索从俄罗斯脱离出去。"恐怖分子打错了算盘，俄罗斯军队在车臣和高加索其他民族的支持下，捍卫了我国的领土完整和国家统一。我们需要巨大的张力，调动一切资源，跳出陷阱，使俄罗斯重就新地缘政治主体地位，建立社会体系和提升经济基本面，恢复行政机构的基本管理能力。我们没有根深蒂固的民主传统、大规模的政党和成熟的公民社会，还深受地区分裂主义的干扰，经历寡头政治，现在腐败、政府部门明显的犯罪行为时有发生。在这样的情况下，我们应该再现国家的权威和力量。在这种情况下，紧迫的任务就是重建国家的真正统一，换言之，就是在俄罗斯全境建立俄罗斯人民的主权，而不是某个人和某个族群的霸权。现在很少有人记得任务的困难性，解决它所需要付出的努力。很少有人记得，最权威的专家和许多国际领导人在20世纪90年代末期对俄罗斯未来的预测：衰退和破产。现在俄罗斯的状态，在他们当时看来，只是过分乐观的幻想。然而，这种"遗忘"和当今俄罗斯社会对最高标准的生活质量及民主的愿望正是我们成功的最好证明。因为在最近几年里，我们全体俄罗斯人民完成了首要的、最迫切的任务，经受住了全球金融危机的冲击，所以，今天我们才有机会谈论前景和战略。

即使在恶劣的、难受的外部政治经济条件下，我们也要创造条件，在新的基础和新的质量要求下，继续向前推进。同时，全球变化不可逆转，这是我们巨大的机会。

在此，我谨再次说明，我同意参加2012年俄罗斯总统竞选的原因。我不想，也不会淡化建立一个新国家的功绩。这些人贡献不少。我想说的事实是：1999年，当我出任俄罗斯政府总理继而担任总统时，我们国家正处于深刻的体制性危机之中。正是由那个与我志同道合的人组成的团队，依靠绝大多数公民的支持和民族团结的共同努力，才把俄罗斯带出内战的绝境。我们摧毁了恐怖主义，保证了国家领土完整和宪政秩序，恢复经济，使俄罗斯在十年间成为全球经济增长和居民实际收入增长最快的国家之一。如今，我们看到一切都很成功、很高效。相反，我们也看到了什么需要调整，什么需要完全放弃。

我认为，我们当前的任务就是克服干扰，沿着国家发展的道路继续前进，建立俄罗斯政治制度、社会保障结构和保护公民体系及经济模式，构建富有活力的、不断发展的同时又是强大、稳定的国家有机体，能够保证国家绝对主权和我们伟大国家的持续繁荣，捍卫公平和每个人的尊严，塑造国家与社会真正的信任关系。我们还不能完成所有的任务、解决所有新的挑战，但我们能够为自己创造财富，造福于俄罗斯。

俄罗斯不是一个在挑战面前退缩的国家。俄罗斯要集中力量，应对任何挑战。克服挑战就能取得胜利。从富有创造性和负责任的新一代人身上，我们已经看到了未来。他们已经走上或将要走上企业和整个行业、政府机构和国家的领导岗位。所有这些只取决于在当今快速变革的世界我们如何应对挑战、如何利用机会加强我们的地位。

# 关于我们的经济问题<sup>*</sup>

我们生活在一个世界经济生活深刻变化的时期。技术的更新从来没有这么快；环绕在身边的很多我们习以为常的事物，在 15—20 年前是不可思议的；对全球竞争领导地位的争斗从来没有如此尖锐；我们看到，一些国家，其地位昨天似乎还不可动摇，现在已经开始让位于不久前还被其居高临下带着不屑俯视的国家。人类从来没有面临风险如此巨大的人为灾害，从来没有面临如此严重的自然环境威胁。但是，人类也从来没有这么好的机会：运用新的可能性就能赢得更多的人。在这种情况下，必须确保我国经济健康稳定发展，最大限度地保护我国公民免受危机的冲击，持续快速地更新经济生活的各个方面，在国家经济政策下，保护现代技术基础。

## 俄罗斯在全球分工中的地位

苏联解体后，俄罗斯应该在全球分工中形成有别于苏联的主要权力中心和核心份额。发达国家设置了许多市场壁垒，以保护自己的利益。世界经济一体化的另一个问题是技术标准的差异。

在这种情况下，我们必须建设经济并使其成为世界经济的有机组成部分。我们能够做到，是因为我们的自然资源。俄罗斯超过 1/4 的国内生产总值是俄罗斯在世界市场上销售的天然气、石油、金属、木材、其他原料产品或初级产品。今天，俄罗斯比其他大多数国家都更加依赖世界经济。所有的地方都呈现经济的资源型特征。苏联经济综合体，是孤立和封闭的，不能适应新环境。在市场化过程中，那些在自发转型中生存下来的，

---

* 《导报》2012 年 1 月 30 日。

绝对部分是原材料和半成品出口部门。事实上，我们已经经历了大规模去工业化、产品质量下降和生产全面缩减的过程。因此，经济高度依赖消费品、技术和尖端产品的进口，依赖于主要出口商品的价格波动。在上述这些方面，很大程度上我们无法调控。止步于不能给我们带来稳定、主权和体面福祉的经济，对俄罗斯而言，是不可原谅的。我们需要"新经济"，需要富有竞争力的工业和基础设施、发达的服务业以及卓有效率的农业。"新经济"以现代技术为基础。我们必须建立有效机制，振兴经济，寻找和吸引新经济所需要的巨大的物质和人力资源。

在经济多样化的条件下，我们不能指望贸易保护措施。这并不是因为加入了世界贸易组织。我们加入世界贸易组织，正是因为经济（生产和消费）严重依赖外部市场。但是，高额的进口关税是由我们的公民和企业支付的。过度的贸易保护主义总是会导致停滞、质量低下和价格高涨。

# 克服技术差距

需要寻找解决方案，使我们克服业已形成的单方面的技术依赖。显然，现在，没有人会重复苏联的经验：在与西方对峙的条件下完全自主形成自己的工业基础。铁幕落下后，我们发现，大部分"原创"技术在孤立的条件下远远落后于竞争对手。当然，我们也要看到（现在情况的）另一面：俄罗斯在国际分工中居于重要地位，不仅作为原材料和能源的供应商，而且在若干领域拥有不断更新的先进技术。但是，我们会逐渐丧失资源，因为要以此来支付我们自己不能生产的、越来越复杂和昂贵的工业技术产品、材料和药品。因为在世界生产总值中，此类技术的比例将上升，而原材料类商品和传统服务的份额将减少。

重返技术领导地位，需要我们精心选择优先顺序。选项包括这样一些行业，如医药、高科技化学、复合材料和非金属材料、航空航天、信息通信技术、纳米技术。当然，在核工业和空间技术这些传统领域，我们并没有失去领导地位。上述列举并未详尽。所有部门（的发展）莫不取决于世界市场情况，更重要的是取决于该行业企业家和工人的首创精神。

经常有观点认为，俄罗斯不需要产业政策。有一种说法认为，选择优势产业，并给予优惠，扶持效率低下的产业，而阻碍了那些新的应该在平等竞争条件下成长的产业，国家（这么做）通常是错误的。与这种说法展开争论很难，但只有在某些条件下它才是正确的。我们已经过后工业化，经济结构严重畸形。最大的私人资本不想承担更大的风险，不愿意进入新的领域。当然，我们将使用税收和关税激励，使投资者将资金投入创新产业。一些年后，它可能带来效应，也可能不会（带来效应），如果世界上出现了更有吸引力的投资机会，这些资本将会流出，因为资本是没有国界的。我们是否因为纯粹的经济理论而准备让未来的俄罗斯遭受风险？

我们正是围绕核心产业展开了积极的行动。我们创建了大型国有企业和垂直控股的股份公司，从"俄罗斯技术机构"、"俄罗斯联邦原子能机构"到"联合航空航天制造集团公司"和"联合造船公司"。目的是通过资源整合和集中管理来阻止我们工业行业的知识产权解体，保持科学和生产潜力。这个目标是可以实现的。我们早就应该集中那些与科学和设计中心失去联系的、分散的正规国有资产。实施产业控股战略的宗旨就是建立具有全球竞争力的资本密集型公司，（这些公司）在世界市场上找到和拓展自己的地位。正是这样的公司，将前瞻性的产品研发、生产、供应与高科技产品的维护有机结合，占据当今航空、船舶制造、计算机技术、医药、医疗技术等重要的世界市场份额。这样的公司向小型创意公司下派订单并购买其创新成果。到现在为止，大多数垂直控股公司还不具有全球竞争力，还不是资本密集型甚至还不能够实现持续盈利。但我们不会半途而废。比如在航空工业，刚刚完成的资产整合就不是一个简单的过程。显然，每一个这样的项目都是充满生命力的，在创新方面需要工作能力很强的高层管理人员。

要着重指出的是，在全球竞争者为数不多的领域内，国家意欲重振俄罗斯的竞争力。压制私人积极性的意见从来都没有消失过：根据我们集中、重组和筹备预售资产的工作就错误地作出国家资本主义扩散的结论。对于每一个公司，现在我们都有一个根据市场重组的计划，其中一部分将会转换成上市公司，然后出售股票。这涉及"俄罗斯技术机构"、"俄罗斯联邦原子能机构"和其他一些国家公司。这项工作不会一蹴而就，但是，我们也不能将其拖至永久。我个人认为，到2016年，国家在某些原材料部门的份额可以降低，在不属于自然垄断和国防工业的大型非原材料企业，可以完成资本退出。我们期待俄罗斯资本积极参与私有化和高科技的进一步发展。同时，需要在全球投资者中寻找那些不仅准备投资研发—生产基地，而且能联系国际大市场并在其中占据一定地位的购买者。成功地实现经济现代化的国家，如韩国、中国，其经验表明，国家的推动是必要的。不努力协调，实现多样化将是困难的。但是，由于存在选择性风险，我们必须根据竞争公司和专业协会方面的评估及讨论，使优先选择和政府的扶持政策最大限度地透明、公开。

竞争是现代经济的基础，基本的事实是，先进技术的研发者和所有者，总是极力防止需求者获得核心技术。而这不仅包括经验丰富的开发，而且包括技术维护。我们以自己的经验为例，在危机条件下，俄罗斯公司尝试购买一些海外资产，当谈到整套技术时——甚至只是汽车行业，我们的西方同行立即亮起了红灯。出售新技术的开发公司和供应商，一般都刻意维持设备维护和工艺流程的复杂性。换句话说，买家不仅在技术上落后，而且在经济上依赖于供应商。如果某个国家（卖家）对后续的技术方案撒手不管，那么将带给买家持续的经济损失。即使把组装生产设置在（进口国）境内，但是，利润的绝大部分仍然会流向总公司及其实验室和设计局。因此，发达国家总是在技术合作的原则下行事，其相互之间的依赖性增强了各自经济和政治稳定。

# 俄罗斯经济的创新周期

竞争是形成创新需求的主要条件。只有竞争，才能使私营企业找到更好的技术解决方案，更新产品。我已经看到加入世界贸易组织后行业所面临的一系列挑战。请相信，我将尽量最大限度地减轻（产业）过渡时期的困难。但是，所有工业产品的生产者必须清楚：（单一）国内市场的时代已经过去，过往的舒适已经不在。高科技产业只有一个——全球市场。硬币的另一面就是实施创新。俄罗斯经济不仅可以购买，而且可以产生创新。我们未来在世界上的位置取决于我们能否利用机会。受教育程度较高的人口、基础研究的巨大遗产、优秀的工程学校、许多行业现存的经验丰富的生产基地——我们必须充分利用这些条件。

在过去的几年中，我们大量投资于研究机构，以促进应用研发的社会化。创建了"俄罗斯风险资本公司"，国家在高校创新设施的基础建设方面举办比赛。"斯科尔科沃"项目吸引了大量的西方公司。但是，很少有人学会出售。创新经济的可持续增长需要源源不断地输入新创意、基础研究成果。然而，到最后，创意工作者还只是停留在创建新技术的准备阶段。我国经济创新性特征的重建必须从大学开始，将其作为基础科学研究的中心和创新发展的人力资源基础。我国高等学校的国际竞争力应该成为我们的国家目标。我们必须在2020年拥有几个在现代物质和社会技术方面领先世界的一流大学。这意味着必须向大学提供国际性研究团队可持续工作的资金保证。俄罗斯研究型大学应该像其国际竞争对手那样，将其获得的"教育"资源的50%用于科学研发工作。同时，我相信，我们将在各种专业教育领域完成专家研究成果和社会公众需求之间的协调。

俄罗斯科学院、主要的研究型大学和政府研究中心必须制定基本和探索性研究十年计划。这种计划需要定期向纳税人和包括国际权威专家的科学界，而不是教育科学部，报告研究进程。凡涉及国防和其他直接有关国家的研发，则需要向国家领导人报告研究进程。研究型大学的优先发展并不意味着忽视俄罗斯科学院和政府研究中心的作用。相反，俄罗斯科学院各院所可以通过大学大量补充新研究人员，实现可持续发展。国家科学基金将会增加几倍，以扶持研究人员的创新研发，到2018年，将会增加到250亿卢布。补助金应该可以与西方提供给其科学家的相媲美。需要继续努力，对俄罗斯研究中心、大学和企业的研究结果引入国际性登记和资本转化机制。需要克服国内大型资本的惯性，坦白地讲，就是克服创新项目和研发工作脱离实际的惯性。现在47家国家企业已经制订了创新方案。私营企业也必须学习并习惯把总收入的3%—5%投入研究开发中。应制定适当的税收手段，以达到这一目的，但主要是私营企业领导人要理解：没有这些（研发投入），在全球市场上作为平等参与者，他将不会被接受。

技术现代化的第二个方面就是最快吸收引进技术。已经有一些先进技术进口的例子可以说明。我们拥有经验丰富的汽车组装业，现在过半的汽车都是俄罗斯工人的双手组装的。现在的问题是，在俄罗斯建立技术发展中心，使其本土化。在俄罗斯，大部分家用电器是由知名企业生产的，大型食品制造商只出售我们当地生产的产品。这对我们很重要，要成为世界技术市场的领导者，就必须从第一阶段（俄罗斯是巨大的富有利益的市场）和第二阶段（本地化生产投资）转变到第三阶段（在俄罗斯创造新技术和新产品）。只有看到了具有全球竞争力的技术型大学和研究中心，（投资）才会来到这里。

投资于先进产业的竞争力，俄罗斯需要解决全球普遍存在的社会任务：发展创意阶层并为其提供实现的空间。但有一个巨大的问题：我们的技术和组织文化还停留在 20 世纪。比如，我们购买了单个零星设备，却忘记了生产流程、质量控制，有时甚至是基本技术规则。其中问题最大的，就是建设和交通部门。国家将会扶持大型的基础设施项目。首先确保运输网络，确保与西伯利亚和远东地区可靠的交通联系。地方之间的公路网也同等重要。现在，我们处在一个矛盾的境况：俄罗斯幅员辽阔但是建设用地不足。原因就在于基础设施薄弱。在欧洲、美国、日本和韩国，你可以在任何地方甚至在远离大城市 50—80 公里的地方，建造房屋或工厂。而我们在远离城市 20—30 公里的地方就是未开发地。没有道路、煤气、水、电，土地一文不值，因为其根本不能使用。

俄罗斯的开发应该开始从大型经济中心周围的土地开始。城市集聚半径增加 1.5—2 倍，可用地就会增加几倍，这将会完全消除建设用地赤字。住房和生产设施的成本如果降低 20%—30%，将大大提升城郊农业收入和农业部门工人的生活质量。企业，尤其是中小型企业，随着基础设施，特别是公路网络的建设，会很快获得机遇。在国家当前提供的条件下，私营企业以公私伙伴关系，参与建设。相比我们的邻居，我们显著提高了道路建设支出的有效性。为此，我们准备实行国际投标，广泛地吸引外国知名公司参与运营和承包。从明年起，将吸收国际专家对国家参与的所有大型投资项目开展强制性的、广泛的技术和价格审计。

说到农业。我国农业经济近年来呈现良好的增长势头。几乎所有的发达国家都以这样或那样的形式支持、补贴农业生产者，俄罗斯也不例外。两个原因：

第一，在全球市场不确定性条件下，食品价格大幅波动。农业的安全性——一个国家独立养活自己的能力，与预算平衡和货币的可信度一样，是经济和社会稳定非常重要的条件。

第二，农业部门对俄罗斯中小企业的形成、保护俄罗斯经济竞争环境、促进健康的资本主义，也是至关重要的。

## 从何处获得资金?

私人投资是建立新生产和提供新就业机会的源泉。现在的情况不容乐观。在投资吸引力方面，我们国家输给了竞争对手，大量资本从俄罗斯流出。是的，很大程度上这种情况是因为受到了在 20 世纪 90 年代后期、21 世纪初期的影响。那些想要把（出售原料和能源获得的）基本现金流据为己有的，与那些想要将其返还给国家使之造福于全社会的，二者之间展开了斗争。我认为，我们要做正确的事情，提高政府在原材料行业的影响力，而不是让某些寡头试图继续直接购买。在我的第一个总统任期之始，我们就直面了不断向国外出售关键资产的行为。国家的战略资源在 5—10 年间被少数几个私人持有，这意味着，我们的经济将被外部所控制。看看国际资本在不稳定、动荡和接近危机时的表演：为了挽救本国核心产业，毫不犹豫地从新兴市场——俄罗斯抽离资金。尽管他们也认为，今天对待他们（的政策），比十多年前更好。

我国的可持续发展要不仅仅体现在宏观经济指标上，这只是基础，而是应该力求：大多数人拥有资产，有投资行为，孩子的前途与其居住的国家紧密联系，居民自己的长远利益与国家的发展紧密相关。

## 解决资本问题，我们需要做什么?

首先，扩大国内市场规模，使其对直接投资更具吸引力。我们所做的一切，都取决于我们自己。苏联解体后，第一次我们通过宣言、声明表达了真正一体化的意图。近年来，我们组建关税同盟，统一经济空间，建立独联体自由贸易区，统一技术规定。俄罗斯与邻国建立一个统一的市场，这样，商品和服务流动就没有障碍，不会遇到不确定性。当然，同时考虑到合作伙伴的利益，我们有时会妥协，甚至让步。但很快这些让步就有了回报。我们相信，统一大市场会增强我们每一个国家的竞争力。

其次，国家商业环境，对长期投资的吸引力仍然不尽如人意。过去几年中，我们根据梅德韦杰夫总统的倡议开始了一系列旨在改善商业环境的改革，但是，没有取得显著的进步。我们输在法制和业务管理上。俄罗斯商业倾向于在海外进行财产和交易登记。问题不在税收制度，我们有一套富有竞争力的税收制度，也不在符合当前需要的立法上（当然，立法还不够灵活，不能为商业提供整套法律工具，需要进一步完善）。主要的问题在于国家机关的工作，从海关和税务部门到审判和执法系统，缺乏透明度和公众问责制。直言不讳地说，就是制度性腐败。如果要对国家体制内不同的"位置"、级别的某些人给予或多或少的打发，企业成本就可升可降。在这种情况下，企业家的理性行为就是不遵守法律，而是寻找支持者，达成一致。这种"合同式"的商业利用徒有虚名的税务、执法、司法系统的腐败官员，反过来将压制竞争对手，巩固自己的市场地位，而不是提高企业的经济效率。

为那些准备依靠诚实竞争获胜的企业清理商业环境是我们基础的、系统性的任务。这些措施并不是摆在经济政策的平面上。我们必须改变俄罗斯的行政和司法部门。切断执法、调查、起诉和判决之间的联系。清除刑法中所有苏联法制观念的痕迹和线索，因为那种观念使经济纠纷和刑事案件混为一谈。所有经济案件都需要从一般管辖权的法庭移交到仲裁法庭。希望与专业人士、法官和企业家广泛讨论，到今年年底，对这个问题有一个必要的、具体的措施。我相信，国家杜马议员会支持这种修正。

以我们的近邻哈萨克斯坦为例，我们今年1月与之建立了统一的经济空间。现在这个国家的商业环境，根据世界银行的评估，占据第47位，而俄罗斯在120位。我建议设置一个任务，将近几年我们国家的指标与较好指标相比较，来确定商业经营的舒适度。需要改变国家对商业行为的监督意识，严格限制这种功能，新战略必须以诚信推定为基础。必须牢记，相比规避非诚信行为带来的潜在风险，为企业家的诚信行为创造条件更重要。

最后，居民的资金几乎不在资本市场运作。这意味着，人们没有从经济增长和经济资本化提高中获得收入份额。需要（制订）方案，吸引居民资金投资于养老金和信托基金、集体投资基金。在发达的市场经济国家，这是国家资本很大的一部分。必须创造条件，俄罗斯国内私营经济带来的长期资本能使个人储蓄稳定增长，其中包括养老金。但是，如果不持续降低通货膨胀，就无法做到这些。物价上涨吞噬了人们的收入，伤害了为未来储蓄的积极性。有时我们被建议以不负责任地印刷钞票或冲动地扩大公共债务来解决经济问题。但我们清楚地知道：在这种情况下，短暂的繁荣假象很快就会被跳跃的价格改变，我们国家在 20 世纪 90 年代正是如此。但是，通货膨胀的下降不会自动地形成资本金积累。应该积极帮助建立新机构，引入公共保障，确保养老金储蓄账户的盈利性。需要尝试新的形式，特别是直接在银行开立养老储蓄账户。今后 10—15 年应优先支持建立长期资金。这是一个长期的过程，不要怕它不会立即产生效果。我们有一个基本条件，可以保证它的成功：在俄罗斯，中产阶级快速成长，他们准备为了更好的医疗服务、更好的住房条件、更高的养老金而储蓄资金。国家的任务就是使他们的钱不被高额通胀所烧毁。

我要特别对反对派代表讲一讲。我所说的并不意味着我们在某种程度上放弃免费教育和免费保健制度及停止提高传统养老金。我们不会放弃，而且要提升服务质量，确保我国宪法规定的每个公民（所应该享受的服务）。这将在一篇单独的文章中加以阐述。

## 降低政府在经济中所占的份额

在当前条件下，经济管理的艺术首先就是对国家作用和私人经济积极性合理准确地搭配。世界危机使主张政府管理的比例扩大。但我们知道，俄罗斯有别于其他许多国家，国有经济仍然占有相当大的份额，严重干扰了管理。我们的经济政策必须调整，降低政府调控的比例，以市场机制替代政府管理、以责任保险替代行政监督。上面我已经说了一些关键性资产的私有化计划。同时我想指出，私有化不是财政性的而是结构性的。也就是说，我们售卖不是为了补充预算资金，而主要是为了提高经济的竞争性，为私人积极性清理环境。但是，无视市场估价贱卖，就是愚蠢，任何一个主人都不会这么做。社会中很多人认为，20 世纪 90 年代的私有化，包括抵押拍卖，是不诚实的，对此我完全赞同。但是，如果现在像某些人建议的那样没收那些人贱价取得的资产，就只会使经济停顿、企业瘫痪和失业激增。此外，很多类似资产的所有者还是善意购买人，他们也没有违反当时适用的法律，其中很多还实现了企业的现代化，带来了新的就业机会，是一种有效的所有权。2009—2010 年危机期间，他们的行为表明，企业的社会责任感在大幅提升。同时，还应该减少国家主导的大型企业、银行以及自然垄断的存在，包括"俄罗斯天然气工业公司"，把资本投入到其他经济实体，或者投资到其非核心业务。在俄罗斯，应该限制国有公司购买资产。"鲸鱼"不应妨碍私营企业部门的正常发展，不应在最有利可图的项目，掠夺民营企业家。

# 增长的宏观经济条件

我们建立正常的资本主义的前提条件就是维护和巩固宏观经济稳定，这也许是这些年我们最大的成就。在最艰难的环境中，我们学会珍惜，或使用工具保持宏观经济的稳定性。由于事先建立了储备基金，我们相对平静地抗击了第一波全球危机。长期资本形成的重要性在于，保持经济主体对宏观经济稳定的信心。这表明，企业理解国家解决紧迫经济问题的财政政策，理解国家确保收入和采取支出的决定，以及国家为振兴经济所需完成的任务。我们要履行不少的长期财政义务。首先是在社会服务领域，我们将严格遵循（社会领域的）意图。我们将承担相当的费用，国防力量现代化、卫生、教育的发展，公路的建设和维修都需要大量的费用。我们怎样才能确保这些费用支出？

第一，支出的有效性。明确优先方案，放弃一切冗余。严格控制建设的成本和质量，监督国家采购价格。在联邦政府和地方一级的资金使用上，从根本上消除回扣。我们应该这样做，这样，估计可以最少节省5%，甚至可能10%的预算，相当于年度 GDP 的 1%—2%。在《联邦合同制度》法律草案中，规定对政府采购和起拍价格采取强制性的预先公开性讨论的方式。我认为，这是必要的，不需要等到新法律的颁布。对所有大型购买项目，比如说，超过 1 亿卢布，都应该使用该程序。我们要让供应商实现私人利益，同时也造福于社会。让采购商习惯于与记者、利益相关的社会机构及时磋商技术方案，决定谁、什么样的公司用最少的钱可以顺利完成该项目。预算领域需要果断放弃惯性。我们还要继续资助（社会）机构，以便它们提供社会服务。这些资金占国内经济的 10%—15%，我们不会从社会领域抽回这部分资金，通过这些资金，我们可以提高中小学教师、医生、大学教授的工资，为病人提供药物。

第二，需要建立一个平衡的养老金系统。养老金系统的平衡可以减少预算资金向养老金的转移拨付。

第三，需要一定程度的税收调整。我们不会增加非原材料部门的税收负担，因为（增加非原材料部门的税收负担）与我们经济多样化的目标相矛盾。税收收入在以下这些方面会显著增长：价值昂贵的房地产、奢侈品消费、酒精、烟草、代理支付机构，这些部门目前的税收被低估了。首先，是财产附加税，准确地说，是针对高档消费。基本方案应该会在今年实行，以便从明年起对豪华楼宇和高档汽车的所有者提高税收支付比率。重要的是不要让这些增税措施涉及中产阶级成员。整顿离岸公司和一日公司偷逃税收，会带来巨大的好处，将会有益于那些诚实守信的企业，使它们不会跟那些依靠欺骗、欺诈国家的企业展开竞争。与此同时，我们要自始至终抵制因为日益增长的支出义务而调整税收制度的诱惑。这种（税收波动的）政策对企业而言将加剧经济环境的不确定性，恶化经济的投资吸引力。

经济的首要任务就是在庞大的收入和支出之间重建其长期适应性。危机期间，当大量的资源用于减轻外部冲击时，上述二者之间的适应性是很弱的。这种情况在大多数受危机影响严重的国家都出现了。美国和欧盟国家的负面经验正清晰地显示，从经济、社会和政治的角度来看，违反预算平衡是多么危险。在俄罗斯，国家收入严重依赖于石油和天然气的价格，问题还要复杂好多。此外，我们必须非常小心地实施财政借款，长久铭记俄罗斯经济历史中和近期世界上的一些教训。

首先，巨额债务——它总是削弱国家的独立性。当经济形势恶化时，国家就会依赖投资者、国际组织、各国政府、受某国政府指引并听命于该国政府的国家债权人，债务就出现了。从这个角度看，相比其他国家，俄罗斯现在处于有利的局势，在二十国集团所有国家中，我们的国家债务水平是最低的。我们必须保持这个优势，把它作为宏观经济安全的"锚"。

其次，人们借债给自己的国家，这始终是金融资源的缺口，当然，这可能也是私人投资的一个方向。如果我们提高其水平，就会承担巨大的财政赤字。俄罗斯现在劳动生产率落后于发达国家三四倍。这意味着什么？在国际范围内，低生产率就是在全球失去经济竞争力；对某个人来说，低劳动生产率就意味着不好的工作，不能获得良好的薪水。这并不是我们的人民没有智慧，不愿意工作或者工作懒惰，并不是这样。而是他们从事的是过时、低效的工作。新一代俄罗斯公民有的刚刚开始工作，有的还在学习，他们对自己的工作有很高的期望。我们国家还从未遇到过这种教育和文化方面的挑战，我坚信，我们能战胜它。解决劳动生产率低的问题，自然的、合乎逻辑的方式就是为拥有良好教育和有抱负的人创造大量高生产率、高收入的工作岗位。不仅要通过现有的现代化而且要通过开放新生产领域来实现，不仅是针对传统部门而且也包括新经济部门。

俄罗斯新经济是经济多样化。除了现代燃料动力综合体外，还将发展其他有竞争力的产业。高新技术产业和知识经济在国内生产总值中的比重到 2020 年必须增加 1.5 倍，俄罗斯高科技产品的出口也将增加一倍。新经济就是高生产率和低能耗的有效率的经济。我们必须大大缩减与先进国家之间的差距，这意味着必须保证经济生产率增长一倍，在关键部门达到与竞争对手同等的水平，甚至要高于它。否则，在全球竞争中，我们就不会取得成功。

新经济就是高收入、高产出的工作岗位。随着经济增长，平均工资实际增加了 1.6—1.7 倍，按照 2011 年的价格，接近 4000 卢布。当然，一般情况下，工资将会更高。新经济就是技术的不断更新。采用技术创新的企业的比例在未来十年年末，应该提高 2.5 倍，从当前的 10.5% 提高到 25%，即达到今天欧洲的平均水平。

新经济就是小企业提供大半的工作岗位。到 2020 年，小企业应该成为知识性和创造性劳动部门，向全球市场出口期产品和服务。我们应该看到：每一个宏观经济指标、每一个具体的项目，将会给俄罗斯带来新的就业机会，将会改善人们的就业质量，也就是提高人们的生活质量。

经济振兴将会惠及每个人：企业家、国家部门的工作人员、工程师和技术工人。

# 参 考 文 献

［1］Л. И. Абалкина: Курс переходной экономики. Москва, 1997.

［2］В. А. Цветков, Е. В. Ленскик: Финансово—промышленные группы Российской Федерации: полученный опыт и прогностические тенденци и дальнейшего развити. Издательство Планета, 1999.

［3］Бюро экономического анализа: анализ роли интегрированных структурна Российских товарных рынках, 2000.

［4］Г. М. Кесельман: Финансовые рынки России после августа 1998г, Москва СИРИН, 2002.

［5］В. А. Цветков: Проблемы консолидации промышленного капитала и Финансово - промышленные группы. Экономист, 2000, No. 9.

［6］В. И. Короткевич. История современной России. Издательство С. Петербурского университета, 2005.

［7］Госкомстат России: Россия в цифрах. 2006 Москва, 2006.

［8］Госкомстат России: Социальное положение и уровень жизни населения России. Масква, 2004.

［9］Сьятослов Рыбас. Элита и общество. Политическая элита, ОЛ МА—ПРЕСС, Москва, 2003.

［10］ИСРАН, Городской средний класс в современной России. Москва, 2006.

［11］Путин В. В. Выступление на расширенном заседании Госсовета. О стратегии развития России до 2020 года. http: //archivt. kremli. ru/appears/2008/02/08/1524/.

［12］Колганов. Атри модернизации в Россиии наше время. ЗолотойЛев, №69 - 70, 2005г.

［13］Дмитрий Медведев, Россия, вперёд! http: //www. kremlin. ru/ news/5413.

［14］Послание Президента Федеральному Собранию, 5ноября 2008 года, Москва, Кремль. http: //www. kremlin. ru/.

［15］КудровВ. Экономика россии: сущность и видимость. Мировая экономика и международные отношения, 2009г, №2.

［16］Об итогах социально—экономического развития Российской Федерации в январе—сентябре—2009года. //Мин экономразвития России, МЭРИТ10, 2009.

［17］Евгений Примаков, 2007 год: прощание с псевдо либералами// Российскаягазета, 15 января 2008г.

［18］Сергей Шишкарев. Национализация кризиса: Глобальные вызовы и российская государственность. Независимая газета, 20 ноября 2008г.

［19］Сергей Михайлович Миронов, Политический монополизм противо показан России, Независимая газета, 9июня 2009г.

［20］Иванов Виталий. Партия Путина. История Единой России ［M］. Москва: ЗАО ОЛМА Медия Групп, 2008.

［21］Тропкина Ольга. Гражданский брак "Единства" и "Отечества" ［N］. Независимая Газета, 2001 –07 –12.

［22］Храмчихин Александр. В России Партий Нет, но Завтра Они Должны Появиться ［J］. Знамя, 2001, (5): 171 –179.

［23］Экономика и жизнъ. 2000. №2. с. 4 –5.

［24］Г. Яв линский. Перифери йный капитализм. Лекции об экономической система России нарубеже XX – XXIвеков. М. 2003. с. 132.

［25］Максим Товкайло, Антикризисные меры выполненына 65%, Ведомости, 24. 09. 2010.

［26］CHRISTOPHER KENNETH, "Russia savors its new market – economy status". *The Russia Journal*, 2002 –06 –14 RUJ – No. 022。

［27］Vladimir Popov, "Shock Therapy versus Gradualism Reconsidered: Lessons from Transition Economies after 15 Years of Reforms", *Comparative Economic Studies*, Vol. 49, 2007, pp. 1 –31.

［28］The World Bank, *Transition—The First Ten Years: Analysis and Lessons for Eastern Europe and the Former Soviet Union*, Washington, D. C., 2002, pp. 91 –95.

［29］Hale Henry, The Origins of United Russia and the Putin Presidency: The Role of Contingency in Party – System Development ［J］. *Demokratizatsiya*, 2004 （2）: 169 –194.

［30］Кучуков Р. Модернизация экономики: проблемы, задачи. Экономист, 2010. №1.

［31］Аганбегян А. Г. Уроки кризиса: России нужна модернизация и инновационная эконимика//ЭКО, 2010, №1.

［32］Иноземцев В. Модернизация россии в контексте глобализации.

［33］［德］阿尔弗雷德·席勒、［德］汉斯－京特主编:《秩序理论与政治经济学》,史世伟等译,山西经济出版社2006年版。

［34］［俄］弗·伊·多博林科夫等:《社会学》,社会科学文献出版社2006年版。

［35］［俄］谢·赫鲁晓夫:《赫鲁晓夫下台内幕》,中央编译出版社2000年版。

［36］［美］丹尼斯·C. 缪勒:《公共选择理论》,杨春学等译,中国社会科学出版社1999年版。

［37］［美］詹姆斯·M. 布坎南:《同意的计算:立宪民主的逻辑基础》,中国社会科学出版社2000年版。

［38］［瑞典］冈纳·缪尔达尔:《亚洲的戏剧——对一些国家贫困问题的研究》,谭立文、张卫东译,经济学院出版社1991年版。

［39］［苏］鲍－尼·波诺、马辽夫主编:《苏联共产党历史》,人民出版社1959年版。

［40］［苏］尤里·阿法纳西耶夫:《别无选择》,辽宁大学出版社1989年版。

［41］［英］戴维·米勒:《布莱克维尔政治学百科全书》,中国政法大学出版社1992年版。

［42］［英］戴维·毕瑟姆:《官僚制》,韩志明译,吉林人民出版社2005年版。

［43］R. 艾伦·海斯：《利益集团的作用》，高攀网——做中国最好的知识网站（http：//www. govpam. co）。

［44］阿尔蒙德、小鲍威尔：《比较政治学》，朱曾汝等译，商务印书馆 1993 年版。

［45］阿伦·德雷泽：《宏观经济学中的政治经济学》，经济科学出版社 2003 年版。

［46］巴泽尔：《产权的经济分析》，上海三联书店 1999 年版。

［47］包训国：《勃列日涅夫时期苏联的经济改革》，《考试》（高考文科版）2008 年第 1 期。

［48］《鲍里斯·尼古拉耶维奇·叶利钦》，中国政法大学俄罗斯法律研究中心，网络（http：//www. ruslaw. com）。

［49］毕洪业：《俄罗斯政治体制转型评析》，《国际论坛》2004 年第 12 期。

［50］常庆波：《论俄罗斯经济转轨及其对外关系》，硕士学位论文，青岛大学，2006 年。

［51］陈波、杨润华：《俄罗斯军工企业：一个制度变迁史的探讨》，《东北亚论坛》1999 年第 2 期。

［52］陈慧颖：《中俄两国公司治理中的传媒力量比较研究》，《经济研究导刊》2008 年第 7 期。

［53］陈婉莹：《试析苏联"新经济体制"改革失败的原因》，《廊坊师范学院学报》（社会科学版）2009 年第 12 期。

［54］陈小沁：《试析利益集团对俄罗斯对外政策基本走向的影响》，《教学与研究》2004 年第 3 期。

［55］陈振明：《政策科学——公共政策分析导论》，中国人民大学出版社 2003 年版。

［56］崔潮：《中国现代化进程中的财政制度变迁》，博士学位论文，财政部财政科学研究所，2011 年。

［57］崔剑：《从农业政策看苏联解体——苏联剧变的深层次原因研究之二》，《广西社会科学》2008 年第 5 期。

［58］丹尼尔·W. 布罗姆利：《经济利益与经济制度：公共政策的理论基础》，上海三联书店 2006 年版。

［59］丹尼斯·缪勒：《公共选择理论》，中国社会科学出版社 1999 年版。

［60］道格拉斯·诺斯：《制度、制度变迁与经济绩效》，格致出版社 2008 年版。

［61］邓惠娟：《外来流动人口计划生育政策的有效性分析》，硕士学位论文，复旦大学，2008 年。

［62］蒂莫西·耶格尔：《制度、转型与经济发展》，华夏出版社 2010 年版。

［63］刁利明：《现代俄罗斯行政改革的前提及其历史进程》，《中国行政管理》2011 年第 10 期。

［64］董晓阳：《俄罗斯利益集团》，当代世界出版社 1999 年版。

［65］樊亢等：《苏联社会主义经济七十年》，北京出版社 1992 年版。

［66］冯春萍：《视中俄石油管道"路线图"风波》，《世界地理研究》2004 年第 1 期。

［67］冯巨章：《利益集团与集体行动：一个文献述评》，《财经科学》2006 年第 4 期。

［68］冯秋婷：《俄罗斯政党现状》，《共产党员》2004 年第 5 期。

［69］冯绍雷：《从叶利钦到普京：俄罗斯经济转型启示》，上海人民出版社 2005 年版。

［70］冯舜华、杨哲英、徐坡岭：《经济转轨的国际比较》，经济科学出版社 2001 年版。

［71］冯玉军：《俄罗斯利益集团与外交决策》，《现代国际关系》2001 年第 12 期。

［72］冯玉军：《利益得失的权衡——俄罗斯利益集团对中俄经贸合作的影响》，《国际贸易》2003 年第 9 期。

［73］弗拉基米尔·普京：《普京文集》，中国社会科学出版社 2002 年版。

［74］傅勇：《影响俄罗斯政治变化的经济因素》，《世界经济研究》1998 年第 6 期。

［75］高放：《苏联解体、苏共灭亡与斯大林的关系》，《马克思主义与现实》2010 年第 5 期。

［76］高见、郭晓静：《论我国的利益集团对公共政策的影响》，《重庆科技学院学报》（社会科学版）2010 年第 4 期。

［77］戈登·塔洛克：《经济等级制、组织与生产的结构》商务印书馆 2010 年版。

［78］戈登·塔洛克：《官僚体制的政治》商务印书馆 2010 年版。

［79］管永前：《试论利益集团及其对政府决策的影响》，《求实》2007 年第 4 期。

［80］郭春生：《论"布拉格之春"对苏联内政的影响》，《东欧中亚研究》2002 年第 6 期。

［81］郭春生：《论俄罗斯社会转轨时期的腐败难题与腐败治理》，《廊坊师范学院学报》（社会科学版）2010 年第 8 期。

［82］郭春生：《论俄罗斯社会转轨时期的腐败难题与腐败治理——变革世界中的政党政治》，《中国统一战线理论研究会政党理论北京研究基地论文集》第五辑，2012 年 1 月 31 日。

［83］郭春生：《权力监督：苏联政治制度建设的尝试——评苏联共产党的两次权力监督监察制度建设》，《社会科学研究》2011 年第 5 期。

［84］郭春生：《战后苏联历史的改革主题及失败的教训》，《中共宁波市委党校学报》2010 年第 9 期。

［85］郭建：《梅德韦杰夫的反腐利器》《社会观察》2008 年第 10 期。

［86］郭连成：《俄罗斯经济转轨路径与效应》，东北财经大学出版社 2009 年版。

［87］郭韶丽：《美俄利益集团之比较研究》，硕士学位论文，西北大学，2006 年。

［88］郭旭新：《经济转型中的秩序》，社会科学文献出版社 2007 年版。

［89］郭永胜：《勃列日涅夫时代苏联意识形态僵化与持不同政见者运动》，《内蒙古师范大学学报》（哲学社会科学版）2006 年第 1 期。

［90］郭永胜：《苏联"持不同政见者运动"研究》，博士学位论文，华东师范大学，2004 年。

［91］郭志刚：《赫鲁晓夫时期苏联共产党执政模式研究》，硕士学位论文，聊城大学，2006 年。

[92] 郭忠华：《利益集团锁定下改革的困境与出路》，《岭南学刊》2008 年第 3 期。

[93] 郝赫：《俄罗斯寡头现象分析》，知识产权出版社 2009 年版。

[94] 贺文华：《农村利益集团的经济分析》，《台湾农业探索》2008 年第 3 期。

[95] 贺艳青：《当代西方利益集团对政府的影响及评价》，《探求》2003 年第 2 期。

[96] 赫鲁晓夫：《执政时期的农业改革及评价》，网络（http：//www. pep. com. c）。

[97] 侯铁建：《俄罗斯经济追赶与制度变迁问题研究》，博士学位论文，辽宁大学，2007 年。

[98] 侯铁建：《试析俄罗斯的宪政转轨：一个比较制度分析视角》，《东北亚论坛》2007 年第 11 期。

[99] 胡键：《俄罗斯利益集团的演变及其对政治决策的影响》，《俄罗斯研究》2004 年第 9 期。

[100] 胡键：《俄罗斯主导利益集团的演变与制度变迁》，《东欧中亚研究》2000 年第 5 期。

[101] 胡伶：《校际均衡发展的政策工具分析》，《教育理论与实践》2010 年第 2 期。

[102] 胡仁霞：《俄罗斯新一届政府反腐败措施及其预期成效》，《东北亚论坛》2009 年第 9 期。

[103] 黄立弗：《苏联社会阶层与苏联剧变研究》，社会科学文献出版社 2006 年版。

[104] 黄新华：《当代西方新政治经济学》，上海人民出版社 2008 年版。

[105] 黄宗良：《既得利益集团与苏联剧变》，《俄罗斯研究》2001 年第 4 期。

[106] 加里·沃塞曼：《美国政治基础》，陆震纶译，中国社会科学出版社 1994 年版。

[107] 贾勇宏：《我国公共教育投资短缺的公共选择理论分析》，《当代教育科学》2005 年第 6 期。

［108］景维民、孙景宇：《经济转型的阶段性演进和评估》，经济科学出版社 2008 年版。

［109］科斯：《财产权利与制度变迁》，上海三联书店 1994 年版。

［110］李璠：《探究萧墙之祸——苏联时期的腐败及其危害变革世界中的政党政治》，载《中国统一战线理论研究会政党理论北京研究基地论文集》第五辑，2012 年 1 月 31 日。

［111］李建民：《俄罗斯国家公司形成特点、功能及影响》，《俄罗斯中亚东欧市场》2008 年第 11 期。

［112］李建民：《俄罗斯主权财富基金管理评析》，《国际经济评论》2008 年第 3 期。

［113］李景鹏：《权力政治学》，北京大学出版社 2008 年版。

［114］李静杰、海运：《叶利钦时代的俄罗斯》（经济卷），人民出版社 2001 年版。

［115］李敏：《公共政策执行的影响因素及对策探析》，《淮阴工学院学报》2007 年第 8 期。

［116］李敏捷：《全球金融危机下的俄罗斯经济及其前景》，《国际问题研究》2009 年第 5 期。

［117］李默海：《论俄罗斯激进经济改革的特点与后果》，《天府新论》2008 年第 1 期。

［118］李申：《叶利钦时期俄罗斯民主与法治探析》，《当代世界社会主义问题》2010 年第 12 期。

［119］李淑华：《普京时期俄新闻检查状况研究》，《俄罗斯中亚东欧研究》2009 年第 8 期。

［120］李贤聪：《试论斯大林在民族问题上的失误及对苏联解体的影响》，《南京医科大学学报》（社会科学版）2004 年第 3 期。

［121］李新：《俄罗斯经济现代化战略评析》，《俄罗斯中亚东欧研究》2011 年第 2 期。

［122］李永全：《俄罗斯政治权力与资本权力关系浅析》，《俄罗斯中亚东欧研究》2006 年第 8 期。

［123］李增刚：《关于新政治经济学的学科定位》，《学术月刊》2009 年第 3 期。

［124］李增刚：《新政治经济学的学科含义与方法论特征》，《教学与研究》2009 年第 1 期。

［125］李中海：《梅德韦杰夫经济现代化方案评析》，《俄罗斯中亚东欧研究》2011 年第 2 期。

［126］李宗健：《我国公共政策执行的偏差及对策研究》，硕士学位论文，兰州大学，2008 年。

［127］利益集团—组织管理—人大经济论坛—经管百科—网络（ht-tp：//www. pinggu. co）。

［128］刘畅：《俄罗斯清理"官僚寡头"》，《中国企业家》2011 年第 4 期。

［129］刘恩东、李森：《社会转型期利益群体与中国地方政府善治》，《党政干部学刊》2008 年第 3 期。

［130］刘恩东：《中美利益集团与政府决策的比较研究》，博士学位论文，中共中央党校，2008 年。

［131］刘俊燕等：《梅德韦杰夫执政以来俄罗斯政党政治的新变化》，《当代世界》2009 年第 6 期。

［132］刘克明：《论苏联共产党的官僚特权阶层》，《俄罗斯中亚东欧研究》2003 年第 6 期。

［133］刘克明：《苏联政治经济体制 70 年》，中国社会科学出版社 1990 年版。

［134］刘伟、单伟：《斯大林时期"官僚特权阶层"的形成》，《党政干部学刊》2008 年第 1 期。

［135］刘伟：《列宁和斯大林时期官制的比较》，《学理论》2009 年第 4 期。

［136］刘文革：《经济转轨与制度变迁方式比较：以中俄改革战略演变为背景的分析》，经济科学出版社 2007 年版。

［137］刘向文：《谈普京总统倡导的行政改革》，《俄罗斯中亚东欧研究》2004 年第 8 期。

［138］刘彦昌：《既得利益集团的内涵解析》，《岭南学刊》2004 年第 9 期。

［139］刘彦昌：《聚焦中国既得利益集团》，中共中央党校出版社

2007 年版。

[140] 卢现祥：《西方新制度经济学》，中国发展出版社 2007 年版。

[141] 卢志渊：《1861 年以来俄罗斯农村生产关系的变革》，《西伯利亚研究》2006 年第 4 期。

[142] 卢周来：《改革开放前中国的效率与公平》，《开放导报》2009 年第 8 期。

[143] 卢周来：《回到政治经济学时代》，《读书》2005 年第 1 期。

[144] 卢周来：《中国改革的政治经济学》，《读书》2010 年第 5 期。

[145] 卢周来：《中国改革还没有过大关》，《理论参考》2005 年第 9 期。

[146] 陆南泉：《勃列日涅夫时期的停滞和倒退》，《同舟共进》2011 年第 5 期。

[147] 陆南泉：《勃列日涅夫时期苏联政治体制的倒退》，《上海党史与党建》2008 年第 9 期。

[148] 陆南泉：《俄罗斯经济现代化对中国的启示》，《探索与争鸣》2011 年第 3 期。

[149] 陆南泉：《俄罗斯农业改革及启示》，《理论学刊》2008 年第 1 期。

[150] 陆南泉：《普京的治国理念与俄罗斯的未来》，《当代世界与社会主义》2005 年第 2 期。

[151] 陆南泉：《苏联经济体制改革史论》，人民出版社 2007 年版。

[152] 吕卉：《苏联农业集体化运动研究（1927—1939）》，博士学位论文，吉林大学，2010 年。

[153] 吕劲军：《普京的强国复兴战略》，硕士学位论文，南京师范大学，2002 年。

[154] 马尚云：《从利益集团理论看我国少数民族和民族地区利益的特殊性》，《内蒙古社会科学》（汉文版）2006 年第 5 期。

[155] 迈克尔·曼（Michael Mann）：《社会权力的来源》第一、二卷，陈海宏译，上海人民出版社 2007 年版。

[156] 曼瑟尔·奥尔森：《国家的兴衰：经济增长、滞胀和社会僵化》，上海人民出版社 2007 年版。

［157］曼瑟尔·奥尔森：《集体行动的逻辑》，上海三联书店 1995 年版。

［158］曼瑟尔·奥尔森：《权力与繁荣》，上海世纪出版集团 2005 年版。

［159］梅春才：《俄罗斯社会转型时期的商界精英》，硕士学位论文，吉林大学，2004 年。

［160］梅春才：《俄罗斯私有化过程中商界精英的演进》，《西伯利亚研究》2005 年第 5 期。

［161］苗正达：《俄罗斯社会变迁中的宪政逻辑》，博士学位论文，吉林大学，2007 年。

［162］牛鹏：《论美国利益集团——理论解读与决策分析》，硕士学位论文，暨南大学，2003 年。

［163］农雪梅：《俄罗斯政权与寡头关系的演变》，《俄罗斯中亚东欧研究》2007 年第 8 期。

［164］诺曼·奥恩斯坦：《利益集团、院外活动和政策制定》，潘同文译，世界知识出版社 1981 年版。

［165］潘晓丽：《对经济转轨中俄罗斯政府职能的分析》，《东欧中亚市场研究》2002 年第 2 期。

［166］潘秀珍：《利益集团参与我国公共政策制定过程的困境》，《新疆社科论》2006 年第 3 期。

［167］庞大鹏：《从"延续"到"革新"：梅德韦杰夫治国理念的发展变化》，《中国社会科学报》2011 年第 8 期。

［168］庞大鹏：《俄罗斯的国家利益》，《东北亚论坛》2001 年第 4 期。

［169］庞大鹏：《俄罗斯的政治转轨》，《欧洲研究》2007 年第 10 期。

［170］彭萍萍：《关于国外利益集团研究的评述》，《当代世界与社会主义》2009 年第 10 期。

［171］彭晓宇：《俄罗斯政党现状》，《瞭望》2004 年第 5 期。

［172］蒲国良：《赫鲁晓夫和勃列日涅夫时期的苏维埃体制改革》，《当代世界与社会主义》2008 年第 8 期。

［173］《普京文集》，中国社会科学出版社 2002 年版。

［174］戚文海：《对梅德韦杰夫时期俄罗斯经济发展模式的分析与预测》，《俄罗斯中亚东欧市场》2008 年第 9 期。

［175］钱谊：《俄罗斯私有化——理想与现实的碰撞》，《西伯利亚研究》2003 年第 6 期。

［176］钱颖一：《理解现代经济学王小卫：经济学方法——十一位经济学家的观点》，复旦大学出版社 2006 年版。

［177］邱蓉：《土地上的权力、阶层与利益共容》，《江汉论坛》2010 年第 1 期。

［178］曲文轶：《从尤科斯事件看普京政府对寡头经济的治理》，《世界经济》2004 年第 3 期。

［179］曲文轶：《私有化、所有权结构和内部人控制：以俄罗斯为例》，《世界经济》2004 年第 4 期。

［180］曲新久：《刑事政策的权力分析》，博士学位论文，中国政法大学，2001 年。

［181］曲镇涛：《规制经济学》，复旦大学出版社 2006 年版。

［182］饶志华：《程维高腐败案的社会学反思》，《大庆高等专科学校学报》2004 年第 4 期。

［183］热若尔·罗兰：《转型与经济学》，北京大学出版社 2002 年版。

［184］申玉华：《简析叶利钦时期的俄罗斯农业改革》，人大报刊复印资料，2009 年第 6 期。

［185］盛洪：《现代制度经济学（上下）》，北京大学出版社 2007 年版。

［186］史晋川、李建琴：《价格管制、行政垄断及利益集团的博弈——中国转型时期蚕茧价格管制的原因分析》，《浙江社会科学》2008 年第 8 期。

［187］《试析苏联"新经济体制"改革失败的原因》（1），经济学理论论文网络（http：//www. reader8. c）。

［188］斯蒂芬·赫德兰：《金融危机后的俄罗斯》，《俄罗斯研究》2010 年第 12 期。

［189］宋锦海：《金融工业集团的形成及其政治影响——俄罗斯经

济、政治生活中值得注意的一种发展态势》，《世界经济与政治》1997 年第 2 期。

［190］宋黎明：《论赫鲁晓夫时期苏共执政方式的改革尝试》，《兰州学刊》2006 年第 9 期。

［191］苏永乐：《俄罗斯的农业改革及经验教训》，《理论导刊》2005年第 4 期。

［192］孙午生：《普京的社会发展道路》，博士学位论文，中共中央党校，2004 年。

［193］孙月忠：《主权财富基金研究》，硕士学位论文，西南财经大学，2008 年。

［194］孙哲：《威权政治》，复旦大学出版社 2004 年版。

［195］谭融：《美国的利益集团政治理论综述》，《天津大学学报》（社会科学版）2001 年第 3 期。

［196］唐朱昌：《从叶利钦到普京：俄罗斯经济转型启示》，复旦大学出版社 2007 年版。

［197］唐朱昌：《经济转型与社会公平的悖论——来自俄罗斯的启示》，《东北亚论坛》2009 年第 1 期。

［198］陶林：《论俄罗斯社会转型时期利益集团政治参与途径和方式》，《哈尔滨学院学报》2011 年第 5 期。

［199］陶林：《十年来国内关于俄罗斯利益集团的研究述评》，《兰州学刊》2009 年第 4 期。

［200］童伟：《抵御经济危机的国家安全气囊——俄罗斯财政预算稳定机制分析》，《俄罗斯中亚东欧研究》2010 年第 4 期。

［201］童伟：《俄罗斯税制改革的政治影响分析》，《东北亚论坛》2006 年第 1 期。

［202］童伟：《俄罗斯税制改革及发展趋势分析》，《地方财政研究》2005 年第 8 期。

［203］童伟：《俄罗斯税制改革经济效应评析》，《中央财经大学学报》2010 年第 11 期。

［204］童伟：《俄罗斯政府间财政关系的改革及对我国的启示》，《中央财经大学学报》2003 年第 11 期。

［205］皖河：《利益集团、改革路径与合法性问题》，《战略与管理》2002 年第 4 期。

［206］王保忠：《我国会计制度环境变迁分析——基于利益集团视角》，《财会通讯》2010 年第 9 期。

［207］王博：《俄罗斯对主权财富基金的管理（一）》，《中俄经贸时报》2008 年 10 月 15 日。

［208］王定娟：《我国税制结构优化的若干问题探析》，硕士学位论文，华中科技大学，2006 年。

［209］王家清：《利益集团理论综述》，《金融经济》2007 年第 6 期。

［210］王俊豪：《政府管制经济学导论》，商务印书馆 2008 年版。

［211］王立新：《俄罗斯的民主与民主化解析》，《当代世界与社会主义》2002 年第 10 期。

［212］王立新：《俄罗斯经济转轨中的权威主义政治》，《东欧中亚研究》2000 年第 4 期。

［213］王楠：《俄罗斯政府颁布"禁官令"的深层用意》，《当代世界》2011 年第 9 期。

［214］王鹏：《戈尔巴乔夫时期反体制性公共领域的形成与苏联政治文化转型》，《当代世界社会主义问题》2011 年第 1、3 期。

［215］王平：《试析冷战后俄罗斯政治变迁中的行政改革》，《黔南民族师范学院学报》2005 年第 2 期。

［216］王森：《小区业主自治困境的原因分析及善治途径》，硕士学位论文，复旦大学，2011 年。

［217］王义祥：《普京社会保障政策评析》，《俄罗斯中亚东欧研究》2003 年第 12 期。

［218］王毅：《俄罗斯转轨过程中的影子经济》，《黑河学刊》2006 年第 1 期。

［219］王莹莹：《俄罗斯宏观税负与经济增长问题研究》，硕士学位论文，哈尔滨工业大学，2008 年。

［220］王正泉：《普京与地方势力的较量》，《俄罗斯研究》2001 年第 2 期。

［221］韦伟：《论民族主义与苏联解体》，硕士学位论文，中央民族

大学，2006 年。

［222］温俊萍、高子平：《俄罗斯利益集团与经济转轨的制度分析》，《国际论坛》2005 年第 5 期。

［223］武兰芳：《俄罗斯中央与地方关系的嬗变》，硕士学位论文，河北师范大学，2002 年。

［224］邢广程：《从"拨乱反正"到初步改革——赫鲁晓夫政治体制改革的历史轨迹》，《苏联东欧问题》1991 年第 3 期。

［225］徐坡岭：《俄罗斯经济转型轨迹研究》，经济科学出版社 2002 年版。

［226］徐坡岭：《决定俄罗斯 2012 年后经济前景的两个关键因素：社会政治改革与经济现代化模式》，《辽宁大学学报》（哲学社会科学版）2012 年第 1 期。

［227］徐维英：《试论公共政策有效执行的重要性及意义》，《贵州师范大学学报》（社会科学版）2006 年第 2 期。

［228］徐彦山：《转轨初期俄罗斯的行政体制改革》，《西伯利亚研究》2006 年第 8 期。

［229］许和隆：《冲突与互动》，中山大学出版社 2007 年版。

［230］许吉：《论现代社会利益集团的组织功能——兼论我国的利益集团》，《延边大学学报》（社会科学版）2004 年第 6 期。

［231］许新：《俄罗斯经济形势和发展趋势》，《东欧中亚市场研究》2001 年第 1 期。

［232］许新：《俄罗斯经济转型模式的选择与反思》，《中国社会科学院研究生院学报》2005 年第 3 期。

［233］许新：《普京道路的经济学分析》，《东欧中亚研究》2002 年第 2 期。

［234］许新：《普京总统新任期的经济治国方略》，《俄罗斯中亚东欧研究》2004 年第 4 期。

［235］许艳丽：《浅析俄罗斯社会保障制度改革的原因及具体体现》，《中国劳动关系学院学报》2011 年第 10 期。

［236］许云宵：《公共选择理论》，北京大学出版社 2007 年版。

［237］许志新：《重新崛起之路》，世界知识出版社 2005 年版。

［238］许志新：《叶利钦：执政行为与政治思维》，《俄罗斯中亚东欧研究》2003 年第 2 期。

［239］闫威、夏振坤：《利益集团视角的中国"三农"问题》，《中国农村观察》2003 年第 9 期。

［240］严从根：《在正当与有效之间——社会转型期的道德教育》，博士学位论文，南京师范大学，2011 年。

［241］杨成：《俄罗斯加速推进新一轮行政改革》，《俄罗斯研究》2002 年第 8 期。

［242］杨成：《新官僚利益集团的崛起与俄罗斯特色的资本主义》，《当代世界》2008 年第 2 期。

［243］杨帆、张弛：《利益集团理论研究：一个跨学科的综述》，《管理世界》2008 年第 3 期。

［244］杨帆：《当代中国利益集团与社会主义民主法治》，《云南财经大学学报》2009 年第 3 期。

［245］杨帆：《利益集团》，郑州大学出版社 2010 年版。

［246］杨帆：《利益集团理论研究：一个跨学科的综述》，《管理世界》2008 年第 3 期。

［247］杨帆：《如何加强对利益集团的遏制与平衡（上）》，《中华工商时报》2011 年第 8 期。

［248］杨帆：《挑战利益集团：经验与启示》，《学习与实践》2009 年第 9 期。

［249］杨帆：《中国利益集团分析》，《探索》2010 年第 4 期。

［250］杨昕沫：《简论叶利钦时期俄罗斯政党政治的发展与特点》，《湖南工业大学学报》（社会科学版）2011 年第 2 期。

［251］姚联合：《人民公仆名义下的共产主义贵族苏共干部特权制度》，《文史参考》2010 年第 8 期。

［252］叶利钦·鲍里斯：《午夜日记——叶利钦自传》，译林出版社 2001 年版。

［253］叶书宗：《柯西金改革的悲哀与苏联的命运》，《探索与争鸣》2003 年第 5 期。

［254］叶艳华：《普京行政改革评述》，《哈尔滨市委党校学报》2006

年第 7 期。

［255］袁新华：《转型以来俄罗斯的民族问题》，《俄罗斯研究》2003年第 4 期。

［256］袁瑛：《寡头的继任者们》，《商务周刊》2006 年第 11 期。

［257］岳爱武、牛天秀：《俄罗斯金融工业集团的形成过程及其特征浅析》，《哈尔滨市委党校学报》2005 年第 1 期。

［258］詹姆斯·E. 阿尔特：《实证政治经济学》，上海人民出版社2009 年版。

［259］张春萍：《俄罗斯金融工业集团发展的公共选择分析》，《黑龙江社会科学》2007 年第 3 期。

［260］张春萍：《转型时期俄罗斯金融工业集团的形成、发展与绩效分析》，黑龙江大学出版社 2009 年版。

［261］张聪明：《俄罗斯企业制度研究》，博士学位论文，中国社会科学院研究生院，2005 年。

［262］张德刚、廖晓翠：《林业公共政策制定过程中的利益集团博弈分析》，《商业经济》2009 年第 2 期。

［263］张贯益：《叶利钦时期俄罗斯的社会转型》，《社会主义研究》2000 年第 12 期。

［264］张红凤：《利益集团规制理论的演进》，《经济社会体制比较》2006 年第 1 期。

［265］张慧君：《转型进程中的国家治理模式重构：比较制度分析——以中欧和俄罗斯为例》，《俄罗斯研究》2006 年第 2 期。

［266］张建华：《对苏维埃联盟的成立和苏联宪法的历史分析》，《中共天津市委党校学报》2003 年第 2 期。

［267］张明龙：《俄罗斯反腐再出新招》，《检察风云》2009 年第1 期。

［268］张少冬：《俄罗斯独立后远东地区的分离与整合》，《国际资料信息》2007 年第 9 期。

［269］张盛发：《试析普京与梅德韦杰夫分歧》，《俄罗斯中亚东欧研究》2011 年第 8 期。

［270］张树华：《普京"清党"与梅德韦杰夫"反腐"》，《党建》

2008 年第 10 期。

[271] 张喜德：《赫鲁晓夫的改革开放对我国改革开放的历史启示》，《探索与争鸣》2009 年第 3 期。

[272] 张晓鹏：《论规范利益集团在行政立法中的作用》，硕士学位论文，西南政法大学，2011 年。

[273] 张养志：《产权理论与俄罗斯微观基础改造》，《经济学动态》2003 年第 2 期。

[274] 张养志：《俄罗斯体制转轨的经济学分析》，博士学位论文，中国社会科学院研究生院，2001 年。

[275] 张养志：《叶利钦时期的俄罗斯国有企业私有化评析》，《财会研究》2002 年第 7 期。

[276] 张养志、张亿：《我国制度变迁与利益集团权力配置的关联分析》，《改革纵横》2005 年第 12 期。

[277] 张勇、杨光斌：《国家自主性理论的发展脉络》，《教学与研究》2010 年第 5 期。

[278] 张勇：《国家自主性理论的发展脉络》，《教学与研究》2010 年第 5 期。

[279] 张宇：《利益集团的政策参与及其路径分析》，《理论界》2007 年第 1 期。

[280] 张宇燕：《经济学、政治经济学及研究范式》，《世界经济与政治》2010 年第 1 期。

[281] 赵定东：《转型期俄罗斯社会保障制度的变迁及其实质》，《辽东学院学报》（社会科学版）2007 年第 5 期。

[282] 赵宏：《苏联官僚特权阶层与苏联剧变》，《科学社会主义》2006 年第 8 期。

[283] 赵龙庚：《俄罗斯族际关系的发展及联邦政府的政策措施》，《和平与发展》2001 年第 8 期。

[284] 赵向文：《论转轨经济中的利益集团》，《湖北经济学院学报》（人文社会科学版）2005 年第 2 期。

[285] 郑羽：《俄美缓和能走多远?》，《南风窗》2011 年第 4 期。

[286] 中共中央对外联络部：*International Department，Central Com-*

*mittee of C. P. C* – 网络（http：//www. idcpc. org）。

[287] 中国驻俄经商参处：《组建"国家公司"——俄罗斯经济发展的新趋势》，《中俄经贸时报》2008 年第 7 期。

[288] 中央编译局中国现实问题研究中心课题组：《苏共民主化改革失败的教训》，《理论参考》2006 年第 8 期。

[289] 中央编译局中国现实问题研究中心课题组：《苏共民主化改革失败的教训》，《马克思主义与现实》2006 年第 1 期。

[290] 中央编译局中国现实问题研究中心课题组：《苏共民主化改革失败的教训》，《马克思主义与现实》2006 年第 2 期。

[291] 周勤：《基于能源供给安全的国家之间能源政策的博弈——兼评中日俄间的"安大线"与"安纳线"之争》，《中国工业经济》2003 年第 12 期。

[292] 周汝江：《普京时期的俄罗斯利益集团及其在中俄关系中的作用》，《东北亚论坛》2003 年第 4 期。

[293] 周尚文：《赫鲁晓夫改革的合理性及其局限性——与张喜德先生商榷》，《探索与争鸣》2010 年第 4 期。

[294] 周业安：《关于当前中国新制度经济学研究的反思》，《经济研究》2001 年第 7 期。

[295] 朱碧波：《苏联族际政治整合模式研究》，博士学位论文，云南大学，2011 年。

[296] 朱启才：《权力、制度与经济增长》，经济科学出版社 2004 年版。

[297] 朱亿维：《政治发展视阈中的特殊利益集团危害性研究》，硕士学位论文，湖南大学，2008 年。

[298] 祝志勇：《制度创新主体扩散论》，博士学位论文，四川大学，2003 年。

[299] 庄晓惠：《当代俄罗斯贫富分化的危机与超越》，《东北亚论坛》2011 年第 3 期。

[300] 左凤荣：《戈尔巴乔夫政治体制改革的发展轨迹与成因》，《探索与争鸣》2005 年第 2 期。

[301] 左凤荣：《戈尔巴乔夫政治体制改革的教训》，《当代世界社会主义问题》2011 年第 3 期。

# 后　记

　　俄罗斯悠久的文化历史、冬天的皑皑白雪、夏季静静流淌的河流、勤劳善良的人民及人民对美好生活的追求和希冀，不仅在留学期间让我深受感动，而且在归国后常常忆及而至双目盈泪。于是，攻读博士学位期间，在对我曾经生活过的地方深深的眷念中，在老师们的引导下，我选择了这样一个论题，再一次远距离地注目我心中的俄罗斯。然而，学习、思考的过程是艰辛的，充满困惑。寒来暑往、草木枯荣，终于到了研究阶段性完成之时。掩卷静坐，回忆漫漫，恍在昨日，盈盈在心的是那一缕缕的温情。

　　首先要感谢我的导师徐坡岭教授和其夫人卢绍君主任。徐老师深厚的学识令我高山仰止，每当学业上遇到疑惑，老师的指点总是一语中的，令我茅塞顿开。文献导读课上，徐老师的细心讲解和同学之间的热烈讨论，让我受益匪浅。从选题、材料收集到结构调整等，论文完成的每一步，无不凝聚着徐老师的心血。老师和夫人在生活中平易近人，令人如沐春风。当我在工作和生活方面感到惶惑时，老师和夫人总是循循引导，拨开浑沌，开阔我的视野，启迪我的思想，使我戒去了许多浮躁之气，对人多了一份平和、对事多了一份执著。能成为徐老师的学生，是我的幸运。

　　母校是令人留恋的，她不仅有美丽的北国自然风光，更有深具学者风范的可敬的老师们。程伟老师学术严谨、态度亲切的提示，徐平老师语气温和、内容犀利的点评，曲文轶老师细致耐心的解答、指引，刘洪钟老师委婉中肯的提醒，崔日明、王厚双老师谦逊、有益的开导，是我的论文得以完成不可或缺的力量，也是我今后为人、为学、为师的榜样。

　　感谢家人给予我的无私的爱。年迈的父母放弃熟悉的生活环境，来到对他们来说完全陌生的我的工作地，照顾我和我的家庭。年少的孩子经常在电话里用稚嫩的声音鼓励我好好学习，感激和愧疚一直存放在我心底的那一个角落。

我还要感谢我所在单位的领导，在学校新校区建设百事待举、新老校区同时运行、正需要更多管理力量投入的时候，单位领导特别减少我的行政事务，使我能集中精力收集素材，撰写论文，准备答辩。

研究成果的面世还得益于中国社会科学出版社经济与管理出版中心卢小生主任及其同事的大力帮助，他们严谨、谦和的工作态度让人心生敬意，也倍感温暖，在此对他们表示衷心的感谢！

老师的教导、家人的厚爱、领导的支持、朋友的帮助，时刻温暖和激励着我，它们都源于一个目标，即使我不断完善自己，更好地服务于社会。服务于社会，就是忠于本我，忠于职责。我将以此为新的起点，将这一份温暖和鼓励传递给更多的人。

邱　蓉

2012 年 10 月于贵阳